KB269622

말버릇 수업

나카모토 마사코 지음·윤지나 옮김

한그

말버릇 수업

펴 냄	2008년 4월 1일 1판 1쇄 박음 | 2009년 7월 5일 1판 5쇄 펴냄
지은이	나카모토 마사코
옮긴이	윤지나
펴낸이	김철종
펴낸곳	(주)한언
	등록번호 제1-128호 / 등록일자 1983. 9. 30
주 소	서울시 마포구 신수동 63-14 구 프라자 6층 (우 121-854)
	TEL. 02-701-6616 (대) / FAX. 02-701-4449
책임편집	양춘미 cmyang@haneon.com
디자인	임동광 dklim@haneon.com
홈페이지	www.haneon.com
e-mail	haneon@haneon.com

이 책의 무단전재 및 복제를 금합니다.

잘못 만들어진 책은 구입하신 서점에서 바꾸어 드립니다.

ISBN 978-89-5596-460-8   03320

존경받고 유능한 리더를 만드는

말버릇 수업

부하의 열정을 높여주는
당신이야말로 **유능한 상사!**

"분위기 파악 좀 해!"라는 말을 듣는 당신에게

몇 년 전, 한 경제잡지에서 〈나는 코칭은 질색이다!〉라는 충격적인 글을 본 적이 있다. 그것은 한 유명 의류회사 CEO가 쓴 글이었다. 커뮤니케이션 강좌와 연수를 실시하는 회사를 운영하며 살아온 나는 그 글을 쉽게 지나칠 수 없었다. 그래서 지금도 그 잡지를 가지고 있다.

그분의 '코칭 혐오론'의 요지는 이러했다.

코칭을 회사에 도입하면 부하 말에 언제나 "그래, 그래" 또는 "알았어, 알았어"를 연발하는 예스맨 상사만 생겨나 오히려 활기를 잃게 돼요. 제가 젊었을 때는 말입니다. 무진장 깨져가면서 일을 배웠다고요! 일은 자고로 그렇게 하는 겁니다.

　내 생각에 이 CEO는 코칭 책을 그저 수박 겉핥기 식으로 훑어본 게 아닌가 싶다. 그게 아니라면 엉터리 코칭을 권하는 컨설턴트만 만났던 건지도 모르겠다. 사실 이처럼 코칭을 중요하게 생각하지 않거나 오해하고 있는 사람들도 부지기수이다.

　요즘 하나의 키워드로 자리매김한 '코칭'에는 '상대의 이야기에 귀를 기울이고 먼저 인정하는 과정'이 포함되어 있다. 그런데 이런 코칭을 단순히 테크닉만 가지고 현장에서 시도하게 되면 그에 따른 성과를 기대하기 어렵다. 물론 코칭뿐만 아니라 커뮤니케이션이나 인간관계에서도 마찬가지다. 우리는 이런 코칭 기술을 감정이란 것을 지니고 있는 인간에게 적용하는 것이 아닌가! '희로애락'이라는 말이 있듯이 인간은 다양한 감정을 가지고 있다. 그런 인간에게 순간순간 그 상황을 모면할 테크닉만을 강요하고 가르친다면 그들에게 포커페이스를 권하는 것과 무엇이 다르겠는가? 결국 인간의 감정을 작은 상자 속에 가둬두란 이야기와 같다.

　그럼 감정을 폭발시키면 되느냐 하면 또 그런 것도 아니다. 사사건건 감정을 속이지 않고 욱한다면 팀의 분위기는 당연히 쨍그랑하고 깨지기 마련이다. 따라서 자신이 처한 상황을 잘 파악하여 대처해나가야 할 것이다. 물론 커뮤니케이션은 온도를 측정하는 온도계처럼 그 정도를 수치로 알아볼 수 있는 방법이 없다. 그렇다고 해서 "아무리 해도 안 될 거야!"

또는 "에잇, 나도 모르겠어"라고 그냥 포기해버릴 수는 없다. 그러면 더 이상의 발전도 나아진 상황도 기대할 수 없게 된다.

최근 직장인들의 가치관이나 사고방식이 매우 다양해졌다. 이 책에서는 사내 교육을 담당하면서 실시했던 연수와 공개 강좌에서 반응이 좋았던 방법과 기술들만을 모아 소개하였다. 이 책이 아무쪼록 직장의 분위기를 한껏 고조시키는 데 도움이 되길 바란다. 또한 새로운 리더십을 발휘해나갈 당신 인생의 나침반이 되어 '엑설런트 라이프'를 누리길 바란다. 그러기 위해 당신은 다양한 인간관계의 실체를 알고 커뮤니케이션의 다양성을 어느 정도 파악해야 할 것이다. 이 책 역시 그러한 점을 염두에 두고 작업했다.

나는 읽는 데 지루하거나 부담스럽지 않은 책이 되도록 노력했다. 특히 실제로 세미나를 진행하는 기분으로 썼다. 이 모든 것이 독자 분들에게 도움이 된다면 더할 나위 없이 기쁠 것이다.

마지막으로 다음 세 가지가 나의 연구와 강좌의 기초가 된 것이다.

NLP

Neuro-Linguistic-Programming의 약자로 '신경언어 프로
그래밍' 이라는 뜻이다. 1970년대에 미국에서 시작되었으며
심리학과 언어학에 바탕을 둔 새로운 사고방식이다. 당시 최
고 수준의 테라피 기술을 누구나 활용할 수 있도록 체계화한
것으로 교육, 의료, 비즈니스, 스포츠심리학 등 응용범위는
다양하다.

코칭 *coaching*

원래는 '사두마차' 가 어원으로 '귀한 사람을 현지까지 책임
지고 바래다주다' 라는 뜻이다. 위에서 가르치는 티칭*teaching*
이나 마음의 병을 고치는 카운슬링*counseling*, 이미 답이 준비
되어 있는 컨설팅*consulting*과 달리 대상자가 스스로 배울 수
있도록 도와주는 것이 기본인 코칭은 최근 급속도로 주목받
고 있다.

비전심리학

심리학자 척 스페자노*Chuck Spezzano* 박사가 오래 전부터
해온 커플 카운슬링을 통해 창시된 독자적인 심리학이다.

나카모토 마사코

C·O·N·T·E·N·T·S

1 SECTION 의욕상실 부하직원, 기운 솟게 하는 말

3 _{SECTION} 시야를 넓히는 마법의 기술

4 SECTION 부하직원의 능력을 키워주는 코칭

의욕상실 부하직원,
기운 솟게 하는 말

"말했잖아!"는
가장 어리석은 말

Question & Answer

Q : 모르는 것이 있어서 상사에게 질문하면 상사는 "말했잖아!", "예전에 설명해줬잖아!"라고 소리칩니다. 열정은커녕 정말 회사에 다닐 기분도 점점 사라져요.

A : 그 마음 이해해요. 결론부터 말하자면 커뮤니케이션은 '자신이 얼마나 이야기했는가?'가 아닙니다. 바로 '상대가 얼마나 이해했는가?'이지요. 바로 상대방의 반응이 커뮤니케이션을 했다는 증거가 되는 거죠. 상사의 커뮤니케이션 태도가 조금 바뀌어야겠군요.

당신은 어떤가? '상대가 얼마나 이해했는가?'라는 커뮤니케이션의 전제를 알고 있었는가? 즉 상대의 반응이 커뮤니케이션의 증거가 된다는 사실을 알고 있었는가? 커뮤니케이션에서 오는 모든 문제는 이런 대전제를 간과하는 사람이 많아서이다. 어쩌면 당신 역시 부하직원에게 시도 때도 없이 "말했잖아!"를 남발하고 있을지 모른다. 물론 이런 전제를 모르고 한 발언이겠지만 듣는 사람에게는 상처가 되는 법이다.

이런 문제를 해결하기 위해서는 스스로 변화를 꾀해야 한다. 즉 자신의 문제가 무엇인지 확실히 파악해야 통쾌한 해결책도 나온다는 말이다.

부하직원이 자신의 말을 제대로 못 알아듣는 상황이 반복된다는 것은 당신의 커뮤니케이션 방법에 문제가 있다는 말이다. 그때마다 제대로 알아듣지 못한 부하직원을 다그치지 말고 확실히 자신의 생각을 전달하도록 한다. 또한 다시 질문을 해 오더라도 좀더 편안하게 말할 수 있도록 돕는다.

"내가 하는 말이 무슨 말인지 알겠어? 이해가 안 되는 것은 언제든지 물어봐."

유교문화가 뿌리 깊은 한국사회는 상하관계가 철저하여 아직도 윗사람이 아랫사람에게 강압적으로 대하는 경우가 많다. 즉 '개떡 같이 말해도 찰떡 같이 알아듣는' 걸 원하는 것이다.

19

필요 이상으로 목에 힘을 주어 말하며 부하는 알아서 척척 움직이길 바란다. 이런 사람들일수록 주위에는 앞에서 굽실굽실하고 뒤에서는 뒷담화를 즐기는 사람이 득실대기 마련이다.

따라서 자신의 부족한 부분은 깨끗이 인정하고 좀더 상대의 입장에서 말해야 할 것이다. 다시 말해 커뮤니케이션의 전제를 잊지 말고 현명하게 대처하기 바란다.

'전달했으니까' 가 아니라 '확실히 전달이 돼야 의미가 있다' 라는 생각을 갖고 리더십을 발휘해야 직장 내 커뮤니케이션이 원활해질 것이다.

이렇게 말하는 나도 실은 회사를 함께 운영하는 대표와 티격태격한 적이 있다. 그에게 "언제 내가 이런 식으로 서류를 준비하라고 했어?"라고 말한 적이 한두 번이 아니다. 그때마다 커뮤니케이션의 대전제를 떠올리곤 미안하다며 사과하기 일쑤였다. 코칭 기술을 가르치는 나조차도 커뮤니케이션을 할 때마다 이런 전제를 떠올리는 건 쉬운 일이 아니다. 얼마 전에는 이런 일도 있었다.

나는 컴퓨터 이용이 서툴러서 친구에게 부탁하여 연구자료 작성을 부탁했었다. 하지만 서류를 받아보니, 글씨가 깜짝 놀랄 정도로 작은 것이었다. 그래서 난 서류를 받아든 채 무심코 이렇게 중얼거렸다. "이거 글씨가 왜 이렇게 작아? 무슨 시력 검사 하는 것도 아니고 말이야."

가만히 나의 투정을 듣고 있던 친구의 입에서는 더욱 놀라운 말이 흘러나왔다. 내가 글씨 포인트를 다르게 하여 그 부분은 작게 하라고 말했다는 것이었다. 기억을 더듬어보니 분명 나는 그렇게 말했었다. 물론 나의 의도는 그 정도로 작은 것은 아니었다. 이 일이 있고 나서 나는 대전제를 바탕에 둔 커뮤니케이션이 얼마나 중요한지 더욱 실감하게 되었다.

만약 당신도 대전제를 잊은 자신의 모습을 발견하고 미소 지은 적이 있다면 반은 성공한 것이다. 어찌 첫술에 배부르랴! 문제를 깨달은 자신에게 한 걸음 나아갔다는 칭찬을 해주자.

One **P**oint **L**esson

'상대의 반응이 커뮤니케이션을 했다는 증거다'라는 생각이 전제되어야 한다. 이를 쌍방이 인식했을 때 비로소 진정한 이야기가 오고가는 것이다.

무엇을 말할 것인가?
어떤 **목소리**로 말할 것인가?

Q : 저는 부하직원에게 성의를 다해 대한다고 생각하는데 어느 날 화장실에서 그가 동료에게 하는 이야기를 우연히 듣게 되었어요. "김 팀장님이 질문하면 꼭 심문 받는 기분이 들어"라고 말이지요. 전 상당히 놀랐습니다.

A : 제가 처음으로 화법교실에 다닐 때였죠. 수업시간에 자신의 목소리를 녹음해서 들어보란 과제가 있었습니다. 보통 자신의 목소리를 들을 기회가 잘 없잖아요? 그때 처음으로 들었던 제 목소리는 얼마나 이상하던지 도저히 끝까지 듣고 있을 수가 없더군요. 심지어 삐질삐질 땀까지 나는 겁니다. 그때 '무엇을 말할 것인가?' 보다 '어떤 목소리로 어떻게 말할 것인가?' 가 중요하다는 것을 깨달았습니다.

　사람들은 이야기의 내용이나 말 그 자체보다는 소리나 음성에 상당히 영향을 받는다. 이는 NLP를 공부하면서 더 확실히 알게 되었는데 목소리에는 높낮이, 크기, 발음, 떨림, 간격, 속도 등 다양한 요소가 있다. 그래서 같은 말이라도 전달되는 것은 전혀 다를 수 있다.

　예를 들어 서로 다른 두 사람이 같은 시를 낭독하는 것을 눈을 감고 듣는다고 상상해보자. 한 사람은 바리톤의 아름다운 목소리로 천천히 운율에 맞춰 낭독을 하고, 한 사람은 감기에 걸린 듯한 코맹맹이 소리로 낭독을 한다면 아마 큰 차이를 느끼게 될 것이다.

◦ 커뮤니케이션의 요소

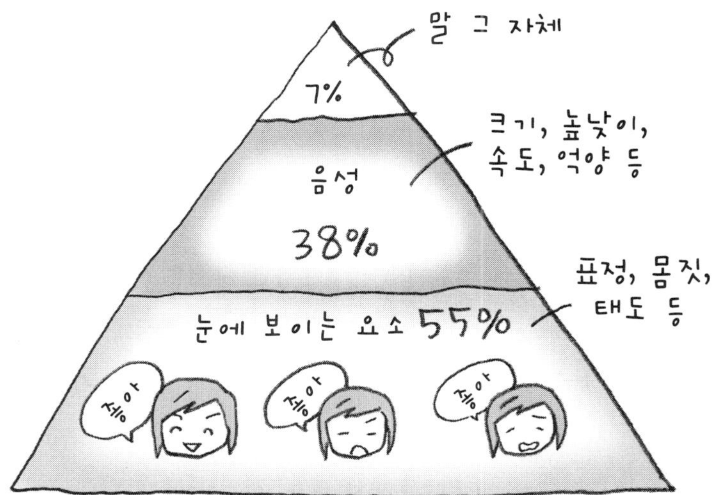

기회가 된다면 자신의 목소리를 녹음해서 들어보라. 물론 나의 이런 제안이 싫거나 귀찮다고 느껴질 수도 있다. 만약 그렇다면 당신의 마음속에 자신과 마주하는 것에 대한 저항감을 갖고 있는 건 아닌지 생각해보라.

당신은 부하직원과의 대화에서 목소리 이외에도 한 가지 더 주의해야 할 것이 있다. 혹시 "그러니까 구체적으로 뭐야?"라는 말을 자주 하는 건 아닌지 기억을 더듬어보자.

"구체적으로 그게 뭐야?"

"구체적으로 그게 누구야?"

"구체적으로 그게 언제 일이야?"

훌륭한 리더일수록 팀원의 추상적인 보고서나 제안서를 보면 구체화하기 위해 흔히 이런 질문을 의식적으로든 무의식적으로든 던진다. 물론 그것은 팀원의 능력을 제대로 이끌어내기 위해서일 것이다. 훌륭한 상사가 되기 위해서는 불투명한 상황을 이런 질문들을 통해 구체화해가는 방법이 필요한 것이 사실이다.

그러나 이것은 자칫 '친근감을 없애는 질문'이 되기도 한다. 물론 업무상 보고를 하는 데 친근감이란 감정이 불필요할 수도 있다. 하지만 여기서 말하는 것은 부하직원의 말이 끊어지지 않도록 돕는다는 것을 의미한다. 따라서 구체화하기 위한 질문을 할 때는 상당한 주의가 필요하다. 사실 당신도 부하직원이 "구체적으로 뭘 말씀하시는 겁니까?"라고 되받아 질문한다면 순간 두렵지 않을까?

아무렇지 않게 던진 돌에 개구리는 맞아죽을 수 있다! 구체적으로 무엇인가를 요구할 때는 의식해서 좀더 부드러운 말투를 사용하도록 한다. 당신이 무심코 내뱉는 말투에 부하직원은 꽉 막힌 취조실에서 심문을 받고 있는 것처럼 괴로울 수 있다. 언젠가 나에게 상담을 청해온 한 직장인은 자신이 한 일을 보고할 때 상사가 전부 꼬치꼬치 캐물어서 사시나무 떨듯 심장이 쿵쾅대고 몸이 떨린다고 했다. 사람은 누구나 상사(윗사람)가 어떤 것을 요구하면 긴장부터 하게 되어 있다. 그런데

● 심문하듯 말하면　　　　　● 상냥하게 말하면

거기다 격앙된 목소리나 어투를 더하면 긴장 역시 배가 된다.

평소와 다른 상냥한 표정과 따뜻한 음색으로 천천히 '결코 추궁하는 게 아니야' 라는 마음을 담아서 말해보자.

"구체적으로 말해서 그건 무엇을 의미하는 거지?"

당신에게는 비록 아무렇지 않은 일처럼 보일 수 있으나 상대는 전혀 다른 당신의 모습에 감동할지도 모른다.

One **P**oint **L**esson

사람들은 말 그 자체의 정보가 아니라 음성이나 표정에서 많은 정보를 얻고 반응한다는 사실에 주의하자. 특히 "구체적으로…?"로 시작되는 질문을 할 때는 상대방에게 더욱 상냥하게 대하자.

'항상', '절대로'를
남발하는 당신

Question & Answer

Q : 항상 지각을 하는 팀원이 있습니다. 주의를 주고 있습니다만, 제 얘기가 들어먹히질 않아요. 변화가 없습니다.

A : 팀원의 태도를 걱정하는 당신의 마음을 알아요. 물론 시간도 정말 소중한 것이고요. 하지만 한 가지! 그 팀원이 '항상 지각을 한다'는 것은 당신의 착각입니다. 정말 '항상'인가요? 1년 365일 하루도 빠짐없이 지각을 하고 있나요?

우리는 무심코 상황과 사람의 행동을 일반화해버리는 경향
이 있다.

'그 사람은 항상 지각한다.'

'우리 회사 사람들은 모두 기회주의자다.'

'나를 알아주는 사람이 회사에는 아무도 없다.'

'팀원들은 내 말을 전혀 듣지 않는다.'

이렇게 말할 때 쓰는 '항상', '모두', '아무도', '전혀' 라는
말을 필자는 '일반화한 대화'라고 부른다. 3~4명이 말한 것
뿐인데 '모두' 가 되거나 2~3번 일어난 일인데 '항상' 이 돼버
리는 경우는 의외로 많다.

◉ 숫자의 개념

● 블랙매직에 주의할 것!

29

　이렇게 '일반화한 대화'는 부정적인 감정이 생겨날 때 무의식적으로 하는 경우가 많다. 그런 부정적인 마음을 자신도 모르게 눈덩이처럼 점점 부풀리는 것이다. 그렇게 부정적인 마음이 커다란 눈덩이가 되면 상황을 똑바로 볼 수 있는 시야가 가려지게 된다. 그러면 원인을 제공한 그 사람에게 필요 이상으로 나쁜 사람이라는 낙인을 찍어버린다. 결국 그 사람의 가능성은 보려고 시도조차 하지 않게 된다.

　이런 식의 대화는 블랙매직(발리 섬의 주술사들이 사용하는 것으로 저주를 걸면 그 현실밖에 떠오르지 않게 되는 일종의 마인드 콘트롤 — 옮긴이) 처럼 무서운 것이다. 하지만 이 '일반화한 대화' 라는 키워드를 이해하고 나면 평소에 우리가 얼마나 많이 눈앞의 현실을 일반화하고 있는지 깨닫게 될 것이다. 당신이 부하직원에게 "자네! 아직도 학생인 줄 아는 거야? 왜 매일 지각이야?"라는 식으로 말한다면 상사로서 걱정이 되어 충고해주는 당신의 마음은 상대에게 전혀 전달되지 않는다.

　그럼 '일반화한 대화'를 하지 않고 효과적으로 지각에 대한 주의를 주려면 어떻게 하면 좋을까?

　"○○씨, 오늘은 중요한 회의가 아침부터 있다고 어제 집에 갈 때 말했었지? 그리고 이번 주에 자네가 출근한 걸 보니 월요일하고 오늘, 지각을 했더군. 오늘만큼은 시간 맞춰 올 거라 믿었는데 조금 실망이야. 앞으로 시간은 정확히 지키자고!"

　이렇게 말하면 부하직원은 아마도 얼굴이 빨개지면서 자신이 얼마나 자주 지각을 하는지 자신의 태도를 반성하게 될 것이다. 반대로 당신이 '자네 늘 지각이군!' 이라고 훈계하면 '쳇, 내가 뭘 그렇게 자주 지각했다고 그래?' 라며 반발심만 키우게 된다. 사람은 누구나 신뢰받고 싶어 한다. 자신을 믿어주는 사람에게는 더욱 잘하려고 노력하는 게 대부분의 사람이다. 따라서 상대를 부정적인 행동을 일삼는 사람인양 단정짓는 말은 좋지 않다. 충고나 질책도 딱 그 부분에 대해서만 구체적으로 해야 한다. 두루뭉술하니 혼내는 것보다 훨씬 효과적일 것이다. '언제나' 라든가 '전혀' 라는 말이 입에서 나오려고 하면 자신의 입을 막아서라도 참아보자.

One Point Lesson

'항상', '모두' 라고 말하는 '일반화한 대화'는 부정적인 기분을 실제보다 더 크게 느끼도록 만들거나 그 사람을 필요 이상으로 나쁜 사람처럼 취급하게 되므로 주의해야 한다.

때로는 위협적인 말
"전례가 없는 일이야"

Question & Answer

Q : 상사는 저에게 새로운 일을 맡길 때마다 이렇게 말합니다. "전례가 없지만 기대하고 있어!" 또는 "그러니까 더 보람이 있는 거지!" 기대해주시는 거야 알지만 저는 그 말을 들으면 오히려 긴장을 하게 됩니다. 제가 정신적으로 약해서 그런 걸까요?

A : 상사와 당신의 의식이 우선적으로 향하는 방향이 달라서 생기는 문제입니다.

극단의 종류에도 여러 가지가 있다. 상담자의 상사는 시간의 극단에 서 있는 사람이다. 시간의 극단이란 쉽게 과거를 의식하는 '과거형'과 쉽게 미래를 의식하는 '미래형'이 있다. 바로 이 두 양극으로 상담자와 상사가 갈려 있다. 미래형의 상사는 의식이 미래로 향해 있기 때문에 "전례가 없는 일이다"라는 말에 취해 상당히 의욕적으로 행동한다. 만약 이런 사람에게 "과거에도 비슷한 성공 사례가 있었어"라고 말하면 오히려 실망한다.

당신은 전례가 없는 일에 열정을 느끼는 미래형이지만 당신의

● **과거형과 미래형**

부하직원은 과거형일 수 있다. 만약 과거형의 사람이 "전례가 없다"는 말을 들으면 과거를 되짚어보는 머릿속 회로가 차단되어 그 순간 긴장을 하게 된다.

따라서 시간에 대한 의식이 주로 어디를 향하는지 자신의 성향을 알아두기 바란다. 자신의 성향을 알면 이런 경우처럼 부하직원과의 사이에 벽을 만드는 일은 피할 수 있을 것이다. 하나의 조직에 같은 타입의 사람들만 모여 있다면 얼마나 편하겠는가! 하지만 그렇게 되면 의외로 회의가 제한적으로 진행될 수 있으므로 여러 타입이 골고루 섞여 있는 조직이 오히려 낫다.

미래형이 가득한 사람들의 회의는 오로지 앞만 생각하며 진행되기 때문에 회의 내용이 눈덩이처럼 점점 커질 수 있다. 반면 과거형의 사람들이 하는 회의는 뒤만 돌아보며 진행하기 때문에 회의 내용이 어떠한 범위를 벗어나지 못한다. 결국 미래형의 사람들에게 공격을 받기 십상이다.

중요한 것은 미래형이냐, 과거형이냐가 아니다. 상대의 성향을 파악하여 그에 맞춰 대화해야 한다는 것이다. 당신이 이런 사실을 인지하고 있으면, 부하직원에게 도움이 안 되며 그저 구색만 갖춘 격려 따위는 하지 않게 될 것이다. 더 이상 서로의 시간과 에너지를 낭비하지 않아도 된다.

팀원들이 어떤 성향을 지니고 있는지 파악하려면 전례 없는 일에 대해 그 사람의 반응을 평소에 한번 살펴보는 것이 좋다.

그의 안색과 표정 등이 어떤지 말이다. 사소한 것이지만 이런 차이를 먼저 파악하지 않는다면 '왜 저 사람은 매사에 소극적이지?'(미래형 사람의 생각)라고 생각하거나 '저 사람은 뭘 믿고 항상 장밋빛 미래만 생각하는 거야? 저래도 괜찮은 건가?'(과거형 사람의 생각) 등으로 예상하지 못한 벽이 생길 수 있다.

모두가 알고 있는 당연한 이야기이지만 미래와 과거는 모두 중요하다. 하지만 정 하나만을 선택해야 한다면 미래에 비중을 두는 것이 좋다. 과거의 일에 연연하는 것이 반복되면 자칫 매너리즘에 빠질 수 있기 때문이다. 이에 앞서 가장 이상적인 것은 미래형 인간이 과거형 인간을 효과적으로 끌어들여

대화하는 방법을 연구하는 것이다.

예를 들어 과거형 부하직원에게 전례가 없는 큰 프로젝트를 맡겨야 할 때, 이렇게 이야기해보자.

"전례는 없지만 비슷한 경우가 과거에 있었어. 상품 구분이 조금 다르긴 하지만…, 왜 △△가 있었잖아. 이건 그때 ○○씨가 담당했으니까 자네가 필요하면 이야기 좀 해주라고 내가 말해두지."

'미래형과 과거형' 사이의 보이지 않는 깊은 벽을 없애는 것은 상사의 작은 한 마디이다.

One **P**oint **L**esson

시간에 대한 자신과 부하의 의식 차이를 알아두자. 과거로 향하기 쉬운 '과거형'인지 미래로 향하기 쉬운 '미래형'인지!

마개를 **한** 대화
VS 마개를 **뺀** 대화

Question & **A**nswer

Q : 전 직장후배가 거래를 잘 성사시키지 못하고 돌아오는 날이면 꼭 어떤 식으로 진행을 했는지 물어봅니다. "처음에 어떻게 말을 꺼냈어? 첫마디가 뭐였어? 사전준비는 뭘 했지? …"하지만 이것보다 효과적으로 거래를 성사시킬 수 있는 노하우가 있다면 알려주고 싶습니다.

A : 준비에 대해 말씀하셨듯이 준비를 잘 해서 첫인상을 좋게 만드는 것은 매우 중요합니다. 그러나 그에 못지않게 중요한 것이 '어떻게 끝냈는가?' 입니다.

심리학에서는 '잔존효과'라고 하여 시간적으로 '최근', 즉 '마지막'이 어땠는지가 사람들 인상에 남는다고 한다. 필자는 이것을 조금 더 발전시켜 보았다.

따뜻한 물이 가득 찬 욕조의 마개를 빼면 물이 소용돌이치며 콸콸 빠진다. 이 모습을 상상해보라. 이처럼 마무리가 확실치 않아 물이 새어나가듯 전달이 잘 되지 않는 말을 주고받을 때는 '마개를 뺀 대화'를 하고 있다고 말한다. 반대로 새는 물까지 깔끔히 막아 마무리가 확실한 말을 주고받을 때는 '마개를 한 대화'라고 한다.

● 마개를 뺀 대화

　　아무리 자신 있게 이야기를 해도 상대의 마지막 질문에 횡설수설하거나 시간이 없다는 핑계로 허둥지둥 끝낸다면 유감스럽게도 그것은 당신에 대한 안 좋은 평가로 돌아온다. 바꿔 말하면 중간에 긴장하여 어려운 질문에 아무리 엉망으로 답했더라도 항상 마지막에는 만회할 기회가 있다는 말이다. 즉 이야기의 마개를 잘 닫으면 되는 것이다. 이것이 대화의 묘미이자 재미이다.

　　"거래처 측에서 저희가 제시한 금액이 마음에 들지 않는다고 합니다. 좀더 올려보는 건 어떨까요?"라고 마개를 한 대화는

● 마개를 한 대화

말하는 사람의 의견을 확실히 알 수 있다. 그러나 "거래처 측에서 저희가 제시한 금액이 마음에 들지 않는다고 하는데요…"에서만 끝나면 금액조정을 하자는 건지 거래를 멈추자는 건지 도통 알 수가 없다. 보고를 하는 것뿐만 아니라 어떤 대화를 하든지 간에 끝을 잘 마무리해야 한다. 가령 대화의 마지막은 다음과 같이 마무리하자.

감사할 때는 "오늘 시간을 내주셔서 정말 감사합니다."

사과할 때는 "중간에 부족했던 점 사과드립니다!"

그러면서 다음 기회로 이어가도록 한다.

"다음에는 제대로 준비해오겠습니다. 잘 부탁드립니다."

이 같은 말을 믿음직한 목소리와 밝은 표정, 좋은 태도나 인사 등으로 3박자를 고루 갖춰 상대와 눈을 마주치면서 전달하면 그야말로 금상첨화다. 물론 진심으로 대해야 하는 것은 두말할 필요도 없다.

바로 얼마 전, '마개를 한 대화'를 젊은 무명 영화감독에게 알려준 적이 있다. 그는 자신이 만든 영화를 가지고 각 영화배급소를 찾아다녔지만 아무도 상대해주지 않았다고 했다. 그래서 난 그에게 마지막에 어떻게 했느냐고 물었다. 그랬더니 그는 "(자신 없는 목소리로) 저기, 저… 한 번 부탁드립니다"라고 얼버무리고 나온다는 거였다.

이렇게 해서는 저절로 이루어질 일도 이루어지지 않는다. 즉 실컷 설명을 잘 했더라도 마지막을 깔끔하게 마무리 짓지 못하면 다 된 밥에 재 뿌리는 격이다. 그에게 난 '마개를 한 대화' 방법을 시뮬레이션으로 만들어서 보냈다. 얼마 지나지 않아 난 그의 영화가 영화관에 걸려서 상영되었다는 기쁜 소식을 들을 수 있었다.

'마개를 한 대화'는 계약을 할 때나 입사면접, 혹은 결혼식 주례사, 심지어 편지 등 우리 일상생활에서도 널리 쓰인다. 직장 내에서 자신이 '마개를 뺀 대화'를 하지는 않는지 살펴봐야 할 것이다.

One **P**oint **L**esson

대화에서 중요한 것은 마지막에 어떻게 끝내느냐이다. 마지막에 마개를 빼버릴지, 마개를 끼워 막을지는 당신 손에 달려 있다.

사랑을 듬뿍 담은
샌드위치 작전

Question & Answer

Q : 예를 들어 회의를 할 때 월 목표액을 달성했다는 긍정적인 내용과 아르바이트로 쓴 사람들이 쉽게 그만둬버린다는 부정적인 내용을 같이 보고해야 할 경우 그 순서는 어떻게 하면 될까요?

A : 세세한 것까지 신경을 쓰면서 회의를 진행하고 계시네요. 좋은 태도입니다. 긍정적인 내용과 부정적인 내용이 섞여 있을 때 아주 효과적으로 말하는 방법이 있습니다.

많은 사람들은 어떤 결과를 초래한 일이든 열심히 일한 결과라면 보고할 때 순서 같은 건 상관없다고 생각한다. 혹은 그런 것까지 신경을 써야 하냐며 갸우뚱한다. 하지만 긍정적인 내용과 부정적인 내용이 섞여 있을 때는 순서를 생각해서 말하는 것이 좋다.

특히 직장후배에게 조언할 때는 의욕을 북돋아주기 위해 말하는 순서를 생각하는 것이 바람직하다. 앞에서 '마개를 한 대화'가 얼마나 중요한지 그 마무리의 중요성에 대해 언급한 바 있다. 그것을 떠올려보라. 회심의 미소가 지어지는가?

즉 처음에는 그 사람이나 부서가 잘한 부분을 인정해준다.

그 다음 잘 되지 않은 부분을 지적하거나 야단을 치고, 마지막에 다시 긍정적인 내용을 언급하고 끝내도록 한다. 다시 말해 긍정적-부정적-긍정적 순서로 메시지를 전달하는 것이다. 이름하여 '사랑의 커뮤니케이션 샌드위치 작전'.

20대 후반쯤 나는 한 숙녀복 판매부서에서 잠시 일을 했었다. 그 당시 우리 부서는 매출이 상당히 나빠서 '판매부의 짐'이라는 말까지 듣고 있었다. 물론 상사에게 좋은 소리를 들을 턱이 없었다. 항상 나에게 쓴 소리를 내뱉던 부장님이 있었는데, 이상하게도 부장님께 야단을 맞아도 기분이 나쁘거나 기가 죽지 않았다.

내가 천성적으로 낙천적이기도 했지만 이제야 돌이켜보건대, 그 부장님이야말로 몸소 '사랑의 커뮤니케이션 샌드위치 작전'을 사용하셨던 것이다. 부장님은 심한 사투리를 쓰셨는데, 늘 점잖게 말씀하셨다.

"자네가 온 후로 옷 콘셉트를 잘 표현하여 제품이 디스플레이 되어 있더군. 덕분에 수준이 많이 향상됐어. 그런데 블라우스의 가격은 이래서는 안 돼. 막말로 슈퍼에서 이런 가격으로 내놓으면 어디 팔리겠어? 매장 사람들 의견을 반영했다고 할지 모르지만 이러면 안 돼! 그래도 어쨌든 봄에 잘 어울리는 질 좋은 블라우스를 잘 갖춰놨어. 고생이 많았겠군. 다음달에도 잘 부탁해!"

항상 이런 식이었다. 부장님은 무의식적으로 샌드위치 작전

을 사용하였다. 그것이 이미 몸에 뱄던 것이다. 예전 부장님
께서는 아직도 생일 때마다 많은 사원들로부터 축하인사가
끊이지 않는다.

우리가 커뮤니케이션을 할 때 가장 먼저 상대를 인정하고
칭찬한 다음 쓴 소리를 하고 나서 상대를 다시 한 번 인정해주
면 매우 효과적이다. 비록 단순해보이지만 이것만으로도 커
뮤니케이션은 확실히 힘을 발휘한다.

상사로서 부하직원이 가져온 서류에 대해 참으로 할말이 많
을 것이다. 당신의 입장에선 과거에 한 번쯤은 해봤던 일이니
까 지극히 당연할지도 모른다. 하지만 잠시 꾹 참고 칭찬부터

하도록 하자. 처음부터 다짜고짜 이러쿵저러쿵 지적하면 당신의 피드백이 머리에 들어오는 게 아니라 부정적인 감정만 가득 차게 된다. 자, 오늘부터라도 사랑이 듬뿍 담긴 샌드위치 작전을 사용하는 게 어떨까?

One **P**oint **L**esson

화를 내고 쓴 소리로 잘못한 것을 지적해야 할 때는 "긍정적-부정적-긍정적"으로 샌드위치 작전을 사용하면 효과적으로 메시지를 전달할 수 있다.

유능한 상사라면 '4W1H'

Question & Answer

Q : 부하직원이 계약을 성사시키지 못했을 경우, 왜 계약이 성사되지 않았는지 그 원인을 깨닫게 하려고 전 노력합니다. 하지만 부하직원에게 말하면 어느새 상황은 제가 다그치는 것처럼 바뀌고 그는 상처받은 듯한 얼굴을 합니다. 제 방법이 잘못된 건가요?

A : 답은 대체로 자신의 질문 속에 있어요. 당신이 했던 질문을 곰곰이 되새겨보세요. 혹시 "왜 계약이 성사되지 못했지?"라고 물어보진 않나요?

질문을 하는 방법에도 기술이 있다. 즉 이것을 모르면 무심코 "왜?"를 연발하게 된다. 커뮤니케이션(카운슬링, 코칭, NLP 등)을 공부할 때 공통적으로 배우는 것 중 하나가 "질문할 때 Why는 가능한 쓰지 말라"는 것이었다. Why는 대부분의 경우, 해서는 안 되는 말이다. 왜냐면 Why라는 말을 들으면 사람들은 심문을 받고 있다는 느낌을 받기 때문이다.

중학교 시절로 거슬러 가보자. 국어시간에 신문기사를 쓰는 방법을 배운 적이 있을 것이다. 그 당시 우리는 어떻게 배웠던가? 육하원칙, 즉 5W1H 형식으로 기사를 써야 한다고

• 같은 질문을 대체 몇 번하는 거야?

배웠을 것이다. 다섯 개의 W는 'When-언제, Where-어디서, Who-누구와, What-무엇을, Why-왜' 이고 하나의 H는 'How-어떻게' 이다. 그래서인지 대부분 신문기자들은 '왜'로 질문을 많이 한다. 그러나 우리가 신문기자들인가? 즉 기사를 쓰기 위해 하는 질문과 직장에서 후배에게 하는 질문은 다르다는 것을 알아야 한다.

결정적인 차이를 말하자면 기자는 '자신을 위해서' 질문한다. 무슨 말이냐면 기자는 기사에 필요한 정보를 상대방에게 얻기 위해 질문을 한다. 그러나 상사의 입장은 어떤가? 상사

● 질문을 잘하자!

자신을 위해서 질문하는가? 대부분 "아니오"라고 답할 것이다. 유능한 상사일수록 어떤 상황에서든지 부하직원이 적절하게 문제 해결할 수 있도록 '부하직원을 위해서' 질문한다. 이때의 질문은 '모르니까 묻는' 기존의 방식이 아니라 그 한 단계 위인 행위이다.

좋은 질문을 통해 사람들은 기분이 좋아지기도 하고 의욕이 불끈 솟기도 한다. 질문이라는 단순한 행위가 불러오는 결과는 참으로 위대하다.

다음은 '왜 계약이 성사되지 않았는가?'의 질문을 Why를 사용하지 않은 '4W1H'로 바꾼 예이다.

- When

"몇 시쯤 방문했어?"(이 질문을 함으로써 단순히 시간대가 부적절했는지 알 수 있을 때도 있다)

- Where

"상품설명은 어디에서 해드렸지?"(이 질문으로 상대가 바빠서 서서 이야기를 들었단 사실을 알 수 있다)

- Who

"△△사의 누구와 이야기했어?"(다음에 방문할 때는 누구에게 말하면 될지 알게 된다)

- What

"신상품의 무엇을 가지고 PR했었지?"(다음 방문에는 무엇을 더해서 가지고 가면 되는지 생각한다)

50

● How

"어떤 식으로 전했어?"(들어줄 수 있는 상황이었는지 알 수 있다)

What과 How를 이용한 질문은 부하직원이 자신의 행동을 돌아보게 한다. 그러므로 질문을 듣는다고 바로 답을 할 수는 없을 것이다. 따라서 그런 질문을 할 때는 자연스럽게 대답할 때까지 기다리는 인내심이 필요하다.

One **P**oint **L**esson

'왜'라는 질문은 자칫하면 상대에게 심문 받고 있다는 느낌을 주기 쉽다. 유능한 상사는 '왜'라는 말을 다른 말로 바꿔 쓸 줄 아는 융통성이 있는 사람이다.

부하의 마음을 사로잡는
'| 메시지'

Question & **A**nswer

Q : 최근 칭찬은 고래도 춤추게 한다고 하여 직장후배에게 칭찬을 많이 하고 있는데요. 후배의 반응은 시원치 않습니다.

A : 제 이야기를 하나 해드리죠. 제가 회사에 입사했을 때, 첫날 휴게실에서 한 여사원이 "장 팀장님 밑에서 일하게 되다니 정말 좋으시겠어요"라고 했습니다. 전 왜 그 말을 했는지 일주일도 되지 않아 알게 되었지요. 그는 '| 메시지'를 썼거든요.

'I 메시지'는 I(나)를 주어로 하는 커뮤니케이션을 말한다. 반대로 You(당신)를 주어로 하는 커뮤니케이션을 'You 메시지'라고 한다. 입사 당시 인기 많은 나의 직속 상사인 장 팀장님 역시 'I 메시지'를 구사하는 사람 중 하나였다. 어찌 보면 진정한 'I 메시지' 메신저였다.

입사 후 얼마 지나지 않아 팀장님과 하루 일정으로 출장을 간 적이 있다. 그때 둘러보았던 지역의 점포는 상당히 매출이 좋지 않았다. 갓 입사한 입장이라 '먼저 칭찬부터 해서 매장 사람들의 호감을 사야지~'라는 얄팍한 생각을 했다. 그래서

● 어? 대화가 왜 가라앉지?

53

난 미리 준비해갔던 말을 조심스레 건넸다.

"디스플레이에 신경을 많이 썼네요. 잘했어요."

그런데 웬걸? 매장의 젊은 여직원은 시큰둥하게 대꾸하는 거였다.

"그런가요? 우리 매장이 좀 한가해서요."

난 그녀가 받아치는 그 말에 갑자기 할 말을 잃었다. 이제와 생각해보니 나는 "당신(You)은 디스플레이를 잘하네요"라는 'You 메시지'를 전달했던 것이다.

그런데 팀장님은 달랐다.

◦ 'I 메시지'는 마음이 전해진다

"혜영 씨, 내가 감격했어. 내 실수로 들여놓은 티셔츠를 이렇게 멋지게 디스플레이하다니 말이야. 앞으로는 물건 들여놓을 때 정신을 바짝 차려야겠어."

나에게는 퉁명스럽게 반응하던 그녀는 팀장님의 말이 끝나자 이렇게 말했다.

"맞아요, 팀장님. 이런 색의 티셔츠는 어떻게 팔라는 소린지… 얼마나 고민했다고요. 다행히 어제 비가 와서 손님이 적었거든요. 그때 맞춰 소품을 좀 구해다가 해봤어요."

이런 식으로 이야기를 받아치는 것이 아닌가? 왜 이런 상황이 일어난 것일까?

우리 모두는 잘 익은 벼일수록 고개를 숙여야 한다며 겸손함이 최고의 덕목이라고 배우며 자랐다. 그래서인지 칭찬을 받거나 하는 데 익숙하지 않다. "대단해요"라는 말에 "네, 좀 그렇죠?"라고 답할 수 있는 사람은 거의 없을 것이다.

그러므로 누군가에게 칭찬할 때는 'You 메시지'보다는 'I 메시지'가 더 효과적이다. 언젠가 나는 직장후배가 신경 써서 작성한 기획서를 보고 "(내가) 정말 기분 좋군" 또는 고객을 잘 대접한 광경을 본 뒤 "(내가) 고맙게 생각하고 있어"라고 'I 메시지'를 보냈다. 놀랍게도 그들은 나의 칭찬을 고맙게 받아들이고 더 나아지려고 노력했다.

이 'I 메시지'는 꽤 넓게 응용해서 사용할 수 있다. 비록 야단을 치거나 쓴 소리를 해야 할 때도 "(나) 실망했어" 또는

"(나) 정말 화났어"와 같이 사용할 수 있다. 다소 직설적이라 상대에게 상처를 줄지도 모른다고 생각할 수 있으나 의외로 솔직한 대화를 나눌 수 있다.

'I 메시지'는 무수히 많은 대화법 중에서 가장 활용빈도가 높고 그 효과가 크다. 조금만 의식해서 부하직원에게 'I 메시지'를 사용하여 대화해보는 건 어떨까?

One **P**oint **L**esson

나를 주어로 한 'I 메시지'는 상대방의 마음에 그대로 전달되는 마법의 대화법이다. 칭찬할 때도 야단을 칠 때도 효과적이다.

인기 있는 상사는
자신의 이야기를 들려준다

Question & Answer

Q : 연수나 세미나를 많이 하셨잖아요? 당신이 생각하는 인기 있는 상사란 어떤 사람입니까? 이상적인 리더상을 찾기 위해 많은 책을 읽고 있지만 너무 뜬구름 잡는 이야기만 나와 있어 피부에 직접 와 닿지가 않습니다.

A : 주위를 한번 곰곰이 살펴보세요. 당신의 직장에서 가장 인기 있는 상사는 어떤 특징이 있나요?

꽤 시간이 지난 일이지만 이 단원과 관련이 있어 소개한다. 한창 설문조사를 바탕으로 한 TV프로그램이 인기를 끌 때였다. "일반인 ○○명에게 물었습니다"와 같은….

어느 날, 그 프로그램을 패러디하여 어떤 방송에서 다소 특이한 주제로 설문조사를 했다. 질문은 "초등학교 6학년 100명에게 물었습니다. 인기 있는 선생님은 어떤 사람?"과 "25~35세 직장인 100명에게 물었습니다. 인기 있는 부장님은 어떤 사람?"이었다.

결과는 어땠을까? 어른, 아이 할 것 없이 1위의 결과는 매우 인상적이게도 똑같았다. 그들에게 인기가 있는 사람은 상냥한

선생님이나 부장이 아니었다. 바로 '자신의 이야기를 들려주는 선생님 / 부장' 이었다 !

도대체 자신의 이야기를 들려주는 사람이 왜 인기가 있다는 것일까?

초등학교 6학년쯤 되면 '물건을 훔치면 안 된다' 는 것 정도는 알고 있고, 귀에 못이 박이도록 들었을 것이다. 아이들은 "선생님은 한 번도 물건을 훔치고 싶은 적이 없었나요?" 의 답을 듣고 싶은 것이다. 자, 그렇다면 선생님이 이렇게 말한다면 어떨까?

"물론 선생님도 어릴 때 야구 글러브가 너무나 갖고 싶어서 열려 있는 진열대 안으로 손을 뻗어 만지작만지작 해본 적이 있단다. 하지만 정정당당하게 물건값을 지불하고 갖는 게 좋다고 생각했지. 그때 내가 글러브를 훔쳤다면 평생 양심에 가책을 느끼며 살았을 거야. 역시 다른 사람의 물건에 손을 대는 것은 나쁜 짓이야!"

이 이야기를 듣는다면 아이들은 왜 물건을 훔치는 것이 좋지 않은 행동인지 충분히 납득할 것이다.

그렇다면 부하직원에게는 어떻게 하면 좋을까?

"외근 나간다고 핑계대고 자네, 도대체 몇 시간이나 커피숍에서 농땡이를 친 거야?"

굳이 당신이 이렇게 소리치지 않아도 부하직원은 스스로 잘 알고 있다. 실제로 그랬으니까! 하지만 그가 이때 듣고 싶은 이야기는 당신의 신입시절 상대하기 어려운 거래처 사람을 만나러 갈 때의 기분이다.

"말도 마. 나도 A사의 영업과장을 만나는 날이면 얼마나 부담스러운지 아침부터 입맛이 없었다니까. 그때는 지금처럼 싼 값에 마음 편하게 커피 한 잔 할 수 있는 커피숍이 없어서 추운데도 공원에서 몇 시간이나 담배만 피워댔지. 그런데 그럴 때 피는 담배는 맛도 없잖아. 그런 날은 집에 가서 가족들 얼굴만 봐도 울컥 했지. 나도 자네 맘 다 아는데, 그래도 그러면 안 되지. 이왕 부딪쳐야 할 일이라면 피하지 말자고. 앞으론 커피숍에서 시간 때우는 건 조금 주의를 해주게."

● 너무 몰아붙이면 반발한다

● 올챙이 적을 생각하자

아마 당신의 말에 감동을 하며 순순히 그러겠다고 할 것이다.

남녀노소를 불문하고 남들 다 아는 상투적인 이야기를 듣고 싶어 하는 사람이 어디 있으랴. 기업연수나 공개강좌를 진행하다 보면 여러 종류의 리더들을 만나게 된다. 그런 날에는 그들의 연설도 우연히 듣게 되는데 유명인사의 말을 인용하거나 책에서 읽은 내용으로 훈화할 때가 많다. 이런 행동은 스스로 무덤을 파는 것이나 다름없다. 듣는 사람의 표정을 한번 살펴보라. 꾸벅꾸벅 졸고 있는 사람도 아주 쉽게 찾을 것이다.

사람들에게 감동을 주는 이야기는 어딘가에서 베껴온 누구나 알고 있는 흔한 이야기가 아니라 말하는 사람이 몸소 체험한 이야기라는 것을 잊지 말자.

상사로서 당신이 팀원들에게 훈화할 길이 있으면 자신이 겪었던 괴로움이나 고통을 이야기하길 바란다. 그러고 나서 당부하고 싶은 말을 덧붙이면 된다. 그들이 듣고 싶은 건 당신의 이야기라는 것을 잊지 않도록 한다.

한때 스티브 잡스가 스탠포드 대학에서 한 졸업 축사 내용이 많은 이들에게 회자된 적이 있었다. 그의 이야기가 왜 그렇게 사람들에게 감동을 줬을까? 그는 힘겨웠던 자신의 삶을 솔직하게 이야기하면서 많은 이들에게 용기와 열정을 불어넣어 준 것이다.

당신도 할 수 있다. 지금 당신의 부하직원은 당신이 예전에 겪었던 시행착오를 똑같이 경험하고 있을 것이다. 그냥 '이렇

게 해!'로 일방적인 명령을 던질 게 아니라 자신이 겪었던 이
야기를 생생하게 들려주자. 직장 내 인기 있는 상사로 급부상
할 수 있을 것이다.

One **P**oint **L**esson

상투적인 이야기는 다들 따분해한다. 인기 있는 상사는 자신의 이
야기를 들려주는 사람이다. 이것은 어른, 아이 할 것 없이 모두에
게 통하는 인기비결임을 잊지 말자.

아직도 180도로만 앉는가?

Q : 상사가 자기계발을 위해 다양한 대화법을 공부하나 봅니다. 얼마 전에는 갑자기 다가오더니 "지금까지 자네들을 진심으로 대하지 못했던 것 같아"라고 하시면서 얼굴을 바짝 대고 앉아 이야기를 하시는데 솔직히 괴로웠습니다.

A : 그 상사는 부모와 자식 간의 대화법을 공부한 것 같습니다. 아이와 이야기할 때는 서로 마주보고 앉아 대화하는 게 좋지요. 하지만 직장에서는 아닙니다.

앉는 방법은 대화할 때 매우 중요하다. 특히 직장 내에서는 더욱 그러하다. 왜냐하면 우리는 각자 서류더미 속에서 팔 다리를 꼬고 앉아 커피를 마시거나 담배를 피우면서 타인과 적당히 거리를 두는 등 긴장을 풀며 생활하기 때문이다. 이때 상사가 얼굴을 바짝 마주하고 앉아 물어보면 따지고 든다는 생각이 들기 마련이다. 혹은 '이 사람, 너무 집요한데?'라고 느낄 수도 있다.

따라서 현재 상사로 있는 사람이나 앞으로 상사가 될 사람들은 '아무렇게나 좀 앉으면 어때?'라고 가볍게 생각하지 말고 효과적인 착석법(着席法)을 알아두자. 조금 중요한 이야기를 해야 할 때마다 적절하게 사용하길 바란다.

1. 180도로 앉기(얼굴을 마주하고 앉는 방법)

질문하려고 작정한 상사들이 보통 이렇게 앉는다. 180도로 마주하고 앉으면 상대를 똑바로 볼 수 있고 시선 맞추기도 쉽다. 그렇기 때문에 '나 지금 매우 진지해'라는 숨은 메시지를 표현하기 좋다. 그러나 이는 자칫하면 상대방에게 쓸데없는 긴장감을 갖게 할 수 있다. 그뿐만 아니라 야단칠 경우에는 자칫하면 오해를 살 수도 있다. 의도하지 않았지만 부하직원의 인격을 무시하는 듯한 인상을 줄 수도 있기 때문이다.

● 때로는 앉는 방식에 변화를 주자

2. 옆자리에 앉기(나란히 앉기)

연인들이 흔히 식당에서 나란히 앉는다. 하지만 우리는 연인 사이가 아니지 않은가! 업무상 중요한 대화를 할 때는 상대방을 거의 볼 수 없기 때문에 부적절하다. 하지만 책상에 가득 서류들을 쌓아두고 있는 분위기의 직장에는 어쩔 수 없이 이렇게 앉는 경우가 많다.

3. 등 돌리고 앉기

싸우지 않는 한 등을 돌리고 앉는 경우는 거의 없을 것이다. 단, 당신과 부하직원의 마음속이 혹시 이런 형태가 아닌지 살펴봐야 한다. 서로에 대해 이런 구도로 굳어져 있을지도 모르니 혹시 그렇다면 가끔은 다음 방법을 시도해보길 바란다.

4. 90도로 앉기

말 그대로 상대와 90도로 앉는 것이다. 이렇게 앉으면 상대가 적당히 잘 보이고 시선도 중간 중간 맞출 수 있다. 그리고 마주 보고 앉는 것에 비해 두 사람 사이의 긴장감도 어느 정도 완화된다. 특히 서류를 앞에 두고 이야기할 때 효과적이다.

예를 들어 기획서를 상사에게 보고하는 중에도 그 기획서의 내용이 자신의 눈에 단번에 들어온다. 즉 상사의 얼굴(표정)이 방해돼 제대로 보고하지 못하는 일은 생기지 않는다.

부하직원이 잘못한 부분을 지적할 때 역시 효과적이다. 90도로 앉으면 부하직원이 작성한 보고서나 기획서를 펼쳐 놓고 서류의 어디가 잘못됐는지를 알려줄 수 있으므로 자신의 잘못을 더욱 꼼꼼히 살펴보게 된다. 가끔 상사가 무작정 "다시 해와!"라며 서류를 되돌려줄 때가 있지 않은가! 분명 어느 부분이 어떻게 잘못되었는지 몰라서 허둥댄 기억이 있을 것이다. 그러나 90도로 앉으면 자신이 서류의 어느 부분 때문에 혼나고 있다는 것을 정확히 알 수 있다.

One Point Lesson

앉는 방법에는 여러 종류가 있다. 중요한 이야기를 해야 하는 날에는 의자 배치에도 신경을 써보자. '90도로 앉기'는 긴장감을 완화시켜주기 때문에 대화가 잘 진행된다.

효과적인 **맞장구와 되묻기**

Question & Answer

Q : 직장후배가 가끔 상의할 일이 있다며 찾아오는데요. 그때마다 좀더 센스 있는 조언을 해주고 싶지만 쉽지가 않네요. 답답합니다.

A : 후배가 찾아오면 멋지게 조언해주고 싶기 마련이죠. 그런데 당신이 말하는 '센스 있는 조언'은 커뮤니케이션에 대해 많은 사람들이 갖고 있는 환상을 상징적으로 보여주는 것입니다.

　커뮤니케이션의 많은 요소 가운데 가장 쉽게 사용할 수 있는 방법을 굳이 하나 꼽으라면 나는 '효과적인 맞장구와 되묻기'를 추천한다. NLP나 코칭에서는 이를 '말 맞추기(백트래킹 *Backtracking*)'라고 한다.

　말 맞추기에 관한 커뮤니케이션 연수를 진행할 때, 나는 다음과 같은 예를 상황극으로 보여준다.

1. 패턴 1 : 말 맞추기가 없는 경우

A : "장마철에는 비가 너무 많이 와요."

B : "그래요? 그런데 연간 강우량을 보면 9월에 비가 제일
　　많이 온대요."

2. 패턴2 : 말 맞추기가 있는 경우

A : "장마철에는 비가 너무 많이 와요"

B : "맞아요. 장마철에는 비가 너무 많이 와요. 그런데 알고 보니까 9월에 비가 더 많이 온다고 하네요."

두 대화의 차이를 알겠는가? 간단한 대화라도 평소에 당신 과 부하직원의 대화가 '패턴1'이 되고 있지는 않은지 묻고 싶다. 연수를 하다 보면 말 맞추기를 사용하는 방법이 얼마나 효과가 있는지 의심하는 사람부터 너무 귀찮은 방법이라며 투정을 부리는 사람들까지 그야말로 가지각색이다. 나는 그들에게 미소를 지으면서 일부러 이렇게 말한다.

"물론 귀찮기는 하죠. 하지만 급할수록 돌아가라는 말도 있잖아요? 작은 시도가 큰 변화를 불러올 겁니다."

초고속시대에 살고 있는 우리인지라 무엇이든 빨리 진행하는 것이 최고인양 여기고 있다. 하지만 '패턴2'의 방법으로 말한다고 해도 말 한 마디 덧붙이는 것이라 불과 몇 초만이 늦어질 뿐이다.

보통 상사들은 자신의 지식을 비롯하여 옳다고 생각하는 것을 피력하는 데만 관심이 있다. 오로지 자신의 기준에 맞춰 부하직원의 잘못을 바로잡으려 하고, 만약 상대가 바뀌었다면 자신 덕분에 변했다고 생각한다. 무슨 훈장을 단 것처럼….

이렇게 해서는 부하직원뿐만 아니라 그 어떤 이도 따라오지 않을 것이다. 왜냐하면 그런 사람과 같이 있으면 안심이 되지 않기 때문이다. 사람은 안심하지 않으면 스스로 생각하고 행동하는 일에도 자신감을 잃어버린다. 그래서 말 맞추기가 필요하다는 말이다.

단, 여기서 말 맞추기에 대해 오해해서는 안 된다. 이는 상대의 의견을 무조건 받아들이라는 말이 아니다. 말 맞추기를 한 후에 반대 의견을 말해도 결코 늦지 않다는 것이다. 당신 이미지에 손해가 되거나 반대 의견을 말할 수 없는 게 아니다.

다시 연수로 넘어가서 '패턴1'의 예를 보고 자신의 말버릇을 깨닫게 된 사람이 있었다. 그 사람은 평소에 상대방이 무슨

※ 말 맞추기를 해주면 사람들은 안심하고 행동한다

말을 해도 대부분 "그래요?"라고 했다. 예를 들어 "건강해보이네요"라고 누군가 말하면 항상 다른 말 다 제쳐두고 "그래요? 연일 잔업이라 녹초가 됐는데…"라는 식으로 대답했다.

그랬던 그가 말 맞추기를 알게 된 다음부터는 최대한 의식해서 말했다. "그래요?"의 '그'가 나오더라도 "그렇죠? 건강해보이죠? …"라는 식으로 말하려고 노력했다. 그랬더니 점차 주변사람들의 평가가 달라졌고 지금은 새로운 프로젝트를 맡아 많은 팀원들을 지휘하게 되었다. 말 맞추기야말로 직장 내에서 반드시 필요한 요소이다.

One **P**oint **L**esson

상대와 좋은 관계를 맺고 싶다면 의견이나 지식을 피력하기 전에 상대의 이야기에 맞장구부터 쳐라.

기억상실증에 걸린 상사

Q : 상사는 제가 한 말을 잊어버리는 경우가 많습니다. 바쁘신 건 잘 알지만 반복적으로 "그래? 그랬었나?", "못 들은 것 같은데" 라고 하니까 정말 정이 떨어집니다.

A : 저의 경우를 말씀드리죠. 전 면담 전에 꼭 서류를 미리 확인합니다. 이전 면담내용을 토대로 다음에 어떻게 할지를 결정하기 위해서이죠. 의뢰인이 면담을 끝내고 돌아가는 길에 "다음주에 큰 회의가 있어서 불안합니다"라고 말했다고 합시다. 그럼 서류에 기록해두는 겁니다. 그러고는 다음 면담 때는 서류부터 확인한 뒤에 "지난번에 말씀하셨던 회의는 어떻게 됐나요?"라고 말을 건네는 겁니다. 당신의 상사에게도 이런 확인 작업이 필요한 것 같네요.

당신은 전에 부하직원이 했던 말을 기억함으로써 그를 안심시킬 수 있다. 더불어 두 사람 사이의 신뢰는 더 깊어질 것이다.

상대의 말을 기억하는 것을 카운슬링 용어로 '홀딩*holding*'이라고 하는데 상대방이 배려하고 있다는 생각을 갖게 하는 언행을 의미한다. 홀딩은 카운슬링에서만이 아니라 인간관계에서 신뢰를 쌓는 토대가 되기도 한다.

앞에서 상담한 사람처럼 당신의 부하가 이 같은 생각을 갖고 있다면 그에게 아무리 친절하게 대하고 이해심을 베풀어도 소용없다.

그렇다면 당신은 나에게 이렇게 말할 수 있을 것이다.

● 신뢰가 무너질 때

"어떻게 부하가 하는 말을 일일이 다 기억합니까?"

틀린 말이 아니다. 물론 모두 다 기억할 필요는 없다. 여기서 말하는 홀딩은 부하직원의 제안이나 부탁 중에서 인상적인 것만을 기억하는 것이다. 주요 내용을 메모해뒀다가 먼저 말을 건넨다면 더할 나위 없이 좋다.

"어제 퇴근할 때 자네가 했던 이야기 말인데…"

이런 새로운 행동패턴을 만들어가길 바란다.

홀딩이 없는 상태가 지속되면 어떻게 될까? 인간의 마음은 스탬프를 모으는 것 같은 메커니즘으로 되어 있다. 즉 우리 마음속에는 상점에서 물건을 살 때 찍어주는 스탬프 적립카드 같은 것이 있다. 그래서 부정적인 기운이 솟을 때마다 스탬프를 찍는 것이다. 이것이 10개의 스탬프가 찍히면 커피 한 잔 무료로 먹는 그런 적립카드면 얼마나 좋으랴! 마음속 적립카드에 스탬프가 가득 찍히는 날이면 본인도 깜짝 놀랄 만큼의 부정적인 행동을 서슴지 않게 된다. 갑자기 '버럭!' 화를 내거나 사표를 던지기도 하고 심할 때는 상사에게 심한 욕을 할 수도 있다.

스탬프 하나는 사소하다. 여기서 중요한 것은 이것이 모두 적립된다는 사실이다. 당신은 비록 '이 정도 까먹은 거 가지고 뭘…'이라고 생각하기 쉽지만 상대는 상처받을 수 있다. 물론 그러면서 마음속 적립카드에 스탬프를 하나씩 차곡차곡 찍어 갈 테고…. 이런 일을 중지시킬 수 있는 것 중 하나가 홀딩이다.

스탬프가 쌓이면

사람들은 마음 속에 마일리지 카드를 가지고 있다
부정적인 생각이 들면
말이 쌓이면
네??
어? 뭐였지?
스탬프를 찍는다
꾹
꾹
꾹
갑자기 '경품'으로 교환된다
뭐였냐고요?
쾅!
하나 하나는 별 거 아니어도
꾹
꾸욱
가끔은 다른 사람들 얘기도…
스탬프가 다 찼거든요!
지난번에 말씀하신 책
겨우 찾았습니다!
조심하셔야죠
아니 왜 이렇게 사소한 일로…
들으시라고요!

　　회의 중에도 홀딩은 늘 염두에 두고 있어야 한다. 가끔 사라질 때가 있기 때문이다. 회의가 길어지면 누가 말했던 것인지 사회자가 깜빡하고 다른 사람이 말한 것처럼 하거나 마치 자신의 의견인 것처럼 진행해버리는 경우도 있다. 그 상황에 부딪친 당사자의 기분은 어떻겠는가? '뭐야? 내가 말한 거잖아!' 하며 스탬프를 꾹 눌러 찍을지 모르니 주의하자.

One **P**oint **L**esson

사람들은 타인에게 배려 받는 상태인 '홀딩'이 있으면 안심하고 신뢰한다. 사람들 마음속에는 부정적인 기분을 담아두는 스탬프 적립카드 같은 것이 있는데, 이 스탬프 하나하나는 사소한 것이라 무심코 지나치기 쉽다. 그러나 이 카드가 스탬프로 가득 차면 사람들은 폭발하게 되니 주의해야 한다.

표정과 말은 일치?!

Question & Answer

Q : 퇴근길 전철 창문에 비친 내 얼굴은 제가 봐도 생기가 없습니다. 부하나 거래처 사람들에게도 "요즘 기운이 없으시네요"라든가 "피곤하세요?"라는 말을 듣습니다.

A : 표정은 정말 중요합니다. 따라서 '내가 피곤한데 생기 없는 얼굴이면 어때?'라는 생각은 버리십시오.

여기서 잠깐, 나의 NLP 강사였던 호주인 여자선생님이 들려준 표정과 말에 관련된 이야기를 들어보자. 선생님의 이름은 마리안인데, 어느 날 강의 도중에 심각한 표정으로 이런 말을 했다.

"요즘 호주에서는 마음의 병을 앓고 있는 아이들이 급속히 증가하고 있어요(물론 요즘이야 흔한 일이지만 이 이야기는 15년 전 이야기다)."

즉 호주에서 마음의 병을 앓고 있는 아이들을 조사해보니, 그 아이들 곁에는 부모나 학교 선생님들의 표정과 말이 일치하지 않더란 거였다. 아이는 부모나 선생님의 표정에서 많은 영향을 받는다고 한다.

◦ 표정과 말의 불일치

◦ 무표정

아이가 "엄마, 나 비행기 그림 그렸어!"라고 말하면 부모들
은 대부분 "잘 그렸네"라고 말한다. 이때 엄마의 표정을 볼
수 없도록 가면을 씌워둔다면 그 말을 들은 아이들은 어떤 생
각을 가지게 될까? 즉 입(말)은 칭찬을 하고 있지만 얼굴은 웃
지 않는다면 아이들은 여러 가지 생각을 하게 될 것이다.

'엄마는 내가 그린 비행기 그림이 하나도 좋지 않나봐.'

'이런 거 말고 수학문제나 풀어야 하나?'

'난 필요 없는 존재일지도 몰라.'

등등.

어쨌든 말과 표정이 일치하지 않는 일(이를 NLP에서는 '불일

무표정하지 않습니까?

표정을 생기 있게 만들자

치'라고 한다)이 반복되면 아이들은 어느 쪽 메시지를 받아들여야 할지 혼란스러워한다. 그러다 결국 마음이 망가져버린다는 것이다. 어른인들 다르겠는가!

물론 어른은 아이보다 강하다. 하지만 대부분의 시간을 보내는 직장에서 상사의 메시지가 말과 표정이 불일치 상태로 다가오면 역시 혼란스러워할 것이다. 따라서 자신이 부하직원을 대할 때, 어떤 표정인지 한번 곰곰이 살펴보길 바란다. 무표정한 사람은 '이게 내 천성인데 어떻게 해!' 혹은 '표정까지 일일이 어떻게 신경을 써?'라고 할지도 모른다.

나에게 상담을 청해온 한 직장인은 자신의 상사 표정이 늘 무표정해서 업무에 대한 칭찬을 받을 때도 하나도 기쁘지 않다는 거였다.

화를 낼 때도, 칭찬을 할 때도 애매모호한 표정으로 대하면 상대는 그 의중을 알아듣기 힘들다. 그런 당신 때문에 직장 내에서는 부하직원이, 집에서는 가족이 확실히 조금씩 망가지고 죽어간다는 사실을 깨달아야 한다. 물론 언제 어디서나 완벽하게 일치하며 살라는 이야기가 아니다. 최소한 중요한 이야기를 해야 할 때만이라도 신경을 쓰자는 것이다.

예를 들어 부하를 야단칠 때(때로 호되게 혼낼 필요가 있을 때)나 고생한 부하를 칭찬하고 격려하고 싶을 때는 특히 그러해야 한다. 이럴 때는 얼굴 가득 미소를 띠우거나 눈썹을 치켜세우면서 진지하게 말하지 않으면 사람들은 칭찬을 받고 있는 건지 안 좋은 소리를 듣고 있는 건지 종잡을 수 없게 된다.

　자, 그렇다면 지금 당장 거울을 꺼내 자신의 표정을 확인해 보자.

One **P**oint **L**esson

당신이 부하직원의 마음에 생기를 불어넣고 싶다면 당신의 말과 표정을 일치시켜야 한다는 의식을 가져라.

뉴욕식 가십을 하지 마라

Question & **A**nswer

Q : 후배가 없는 자리에서 "그 녀석은 아직 멀었어"라고 말했습니다. 가볍게 했던 말인데 그게 돌고 돌아 본인의 귀에까지 들어갔나 봅니다. 결국 그는 내가 '최악의 부하'라고 말했다고 오해를 하고 있더군요. 후배는 자신이 상처받았다고 털어놓았습니다.

A : 저도 같은 실수를 한 적이 있습니다. 욕할 생각은 전혀 없었는데 말이죠. 그럴 때는 사람들하고 잡담하는 것조차 두려워집니다.

우리가 하는 '말(言)'이라는 것은 자칫하면 그 의도가 잘못 전달될 수 있기 때문에 주의를 기울여야 한다. 우물가에서 동네 아낙네들이 빨래를 하다가 숙덕거린 이야기는 하루도 못 가 온 마을에 쭉 퍼지지 않는가! 그것도 '갑돌이와 갑순이가 같이 있더라'에서 시작하여 '갑돌이와 갑순이가 결혼을 한다더라'로 확대되기 일쑤다. 지금부터 이런 가십거리를 제대로 다스리는 법을 알아보자.

나의 숙모는 뉴욕에서 혼자 살고 있다. 젊은 시절 이혼한 뒤, 큰 결심을 하고 미국으로 건너간 것이다. 미국에서 지금까지

◦ 칭찬도 안 돼?

40여 년 동안 광고 일을 하고 있다. 그녀는 치마에 작은 주머니를 만들어 그 안에 공기총을 넣어 다니며 맨해튼의 작은 아파트에서 혼자 사는 강인한 사람이다. 내가 숙모를 방문했을 때 많은 이야기를 나누었는데, 그 중 인상에 남았던 이야기가 바로 뉴욕식 가십에 대한 것이었다.

"이 치열한 뉴욕사회에서 내가 살아남을 수 있었던 이유가 뭔지 아니? 내 생각에 가장 큰 이유가 사람들에 대해 가십을 하지 않았기 때문인 것 같아."

그리고 나한테 이렇게 물었다.

"넌 가십을 하지 않는다는 게 무슨 뜻인지 알아?"

난 욕을 하지 않는 것이 아니냐며 묻자 틀렸다는 듯이 고개를 좌우로 흔들었다. 숙모는

"예를 들어 네 직장동료가 어느 날 멋진 넥타이를 매고 왔다고 하자. 그걸 보고 네가 다른 동료에게 '○○씨 넥타이, 꽤 세련됐더라' 라고 말하는 건 가십이야. 적어도 내 기준에서는 말이지."

속으로 나는 생각했다. '그건 칭찬이 아닌가?'

숙모의 요지는 이것이었다.

"넥타이가 멋있다고 생각되면 본인에게 직접 말하면 돼. 본인한테 말해야 그게 비로소 제대로 작동하는 커뮤니케이션이 되는 거지. 그런데 그 사람이 없는 데서 '그 사람 참 세련된 넥타이를 했더라' 라고 말하면 그 말에 어떤 살이 붙을지 뻔하지

않니? 내가 그 사람에게 마음이 있다는 둥, 그 사람이 돈이 많다는 둥 여러 가지 말이 붙겠지."

난 여기까지 듣고서야 겨우 이해했다.

뉴욕식 가십이라는 기준에서 보면 나는 가십을 너무 많이 했다는 생각이 들어 깊이 반성했고, 그 후론 칭찬도 좀더 주의하게 되었다.

본인에게 말하지 않으면 커뮤니케이션이 성립되지 않는다는 것을 전제로, 본인이 없는 데서 말을 해봐야 소용이 없다는 것을 꼭 알아둬야 한다. 그것이 긍정적인 메시지(칭찬, 감사)든지 부정적인 메시지(야단, 주의)든지 어쨌든 본인에게 솔직히

* **어떻게 전달될지 모릅니다**

전하는 게 가장 좋다. 본인이 없는 데서 하는 말은 그 어떤 이
야기도 정신건강에 좋지 않다. 오히려 유치한 사람으로 둔갑
될 수도 있다. 이런 마음가짐은 리더뿐만이 아니라 조직에서
일하는 모든 사람들에게 필요한 소양이라는 것을 잊지 않길
바란다.

One Point Lesson

욕은 말할 것도 없고 칭찬이나 감사의 말조차도 본인이 없는 데서
는 하지 않는 것이 성숙한 조직, 사회의 기본이다.

부탁의 공이 날아올 때

Question & Answer

Q : 상사한테 부탁을 하면 "그것도 혼자서 못해?"라든가 "난 바빠서 안 되겠는데"라고 하면서 즉석에서 거절을 합니다. 저는 상사한테 무조건 기대겠다는 의도가 아닌데 말이죠. 그저 상의하고 싶은 게 있다는 정도로 알아주었으면 합니다.

A : 지금 질문을 한 분도 본인의 마음을 솔직하고 직설적으로 말하는 훈련을 해야겠군요. "알아달라"고만 해서는 통하지 않는 세상입니다.

여기서 부하직원을 이끄는 상사 쪽에서 알아둬야 할 새로운 시각에 대해 생각해보자. 질문자의 이야기에서처럼 일반적으로 부하직원이 상사에게 부탁이나 상의를 하러 오면 대부분 다음의 두 가지 방법으로 대처한다.

하나는 '받아주기'다.

그러나 모든 상담이나 부탁을 다 받아주는 건 쉬운 일이 아니다. 그래서 많은 사람들이 선택하는 또 하나의 방법이 '거절하기' 이다.

중요한 것은 사람들은 뭔가를 부탁했다가 거절을 당하면 의욕을 상실하여 의기소침해진다는 사실이다. 상사들은 부탁이 크든 작든 일단 부하직원이 거절당하면 기운이 빠진다는 마음의 메커니즘을 알아야 한다.

상사가 알아둬야 할 제3의 방법이 있다. 바로 '카운터오퍼
counter offer'이다. 카운터란 것은 권투에서 상대편 공격을 피
해서 반대로 펀치를 날리는 일인 카운터블로*counterblow*의 줄
임말이다. 따라서 '다른' 또는 '반대'의 의미가 있다. 여기에
'신청'이라는 뜻의 '오퍼'가 붙는 것이다. 다시 말해 부탁의
공을 다른 방법으로 부하의 마음속에 돌려보내는 방법이다.

구체적으로 예를 들어보자.

(예1)

팀원 : "다음 달 출장은 도저히 불가능한데, 저 대신 가주시
　　　　면 안 될까요?"

팀장 : "내가 가는 건 무리고 대신 그쪽에 전화를 해서 자네
　　　　가 출장을 못 간다는 이야기를 해두겠네."

(예2)

팀원 : "회의 준비가 이 정도면 되는지 한번 봐주셨으면 좋
　　　　겠는데요."

팀장 : "미안한데 내가 지금 그럴 시간이 없어서 말이야. 대
　　　　신 ○○씨에게 봐달라고 하게나."

이 두 가지 예를 보고 "뭐야?" 할지도 모르겠다. 하지만 내
경험으로는 이 카운터오퍼를 사용하면 부탁을 거절하지 않는

듯 하면서 거절할 수 있다.

연수 중에 나는 사람들에게 '자신에게 날아오는 부탁의 공을 모두 받든지 아니면 카운터오퍼로 받아치라'는 숙제를 내줄 때가 있다. 그들은 이 과제를 통해서 뚝뚝 끊어졌던 관계가 다시 화기애애해지는 방법을 알게 된다.

부탁을 거절하되, 그 사람과의 사이에 있는 보이지 않는 끈은 뚝뚝 끊어지지 않도록 하는 방법이 바로 '카운터오퍼'이다. 아부를 하지도 않고 그렇다고 그 끈을 끊어버리지도 않으며, 때로는 "NO"라고 말하면서도 자신의 성의를 전달할 수 있는 확실한 방법인 셈이다.

이런 '카운터오퍼'를 이용하면 부하직원만이 아니라 상사의 부탁이나 거래처 사람의 고민, 그리고 가족들의 요구사항 등에서도 널리 쓸 수 있다.

One **P**oint **L**esson

누군가가 부탁을 하거나 상의하고 싶은 일이 있다고 할 때 제3의 방법, 즉 '카운터오퍼'로 받아쳐보자. "NO"라고 확실히 말하면서도 그 사람과의 사이에 있는 끈을 끊지 않는 방법이다.

SECTION **2**

나를 알아야
상대가 보인다

상대방을 **바꾸기**란
쉬운 일이 아니다

Question & Answer

Q : 직장에서 처음으로 상사의 입장이 되었어요. 첫 후배가 들어온 것이라 신경은 쓰고 있는데, 제가 야무지지 못해 잘 안 되는 것 같습니다.

A : 너무 의욕이 앞서 상대를 바꾸려고 하는 건 아닌지 잠시 자신을 돌아볼 필요가 있네요. 오히려 너무 강하게 접근하면 문제가 될 수 있거든요.

연수를 다니면 여러 부류의 성격을 접하게 된다. 한 연수에서 있었던 일이다. 강의를 하고 있는데 자주 손을 들고 발언을 하는 사람이 있었다. 그런데 난 그 사람 말에 독특한 가시가 있는 것처럼 느껴졌다. 그래서 난 '좋아. 본인이 깨닫도록 고쳐줘야지' 라는 생각을 했다.

그렇게 마음을 먹자 그가 발언할 때마다 난 '고쳐줘야지~ 고쳐줘야지~' 라고 마치 주문을 걸기 시작했다. 물론 나의 마음속 비뚤어진 의도는 당연히 전달되었을 것이다. 그 사람 역시 점점 목소리가 높아지면서 강의가 끝날 무렵엔 화를 내기 시작했다.

그때 그 사람이 내뱉은 말은,

"왜 나를 바꾸려고 하는 거야? 당신 뭐야? 잘난 척하기는!"

순간 '띵~' 하고 어지러웠다. 부끄럽지만 그 사람 말이 사실이었다. 그래서 나는 그 부분에 대해 먼저 사과했다.

그리고 모두가 있는 자리에서 그 사람에게 한 가지 더 사과했다. 그것은 그가 어린시절 친구의 삼촌과 많이 닮아서 잠시 개인적인 감정이 개입됐다는 점이었다. 그 아저씨는 독신이라 명절 때는 친구 집에서 한참을 머무셨다. 아이인 내 눈에는 다소 이상한 사람으로 비춰졌었는데, 예를 들어 세뱃돈이나 선물을 받고 감사하다고 인사를 드리면 "어른이나 하는 인사를 애들이 하는 게 아니야!"라고 버럭 화를 내셨다.

사람은 누구나 과거에 안 좋은 기억이 있는 사람과 비슷한 부분이 있는 사람을 보면 상대방이 기분 나쁘게 하지 않아도 왠지 기분이 나빠질 때가 있다. 그 사람한테 자신이 기분 나빴던 과거를 '이입' 시키는 것이다. 나는 그 아저씨 때문에 생긴 응어리('고맙다고 말하는 게 뭐가 나빠?!' 라고 말하고 싶었지만 그렇게 하지 못했던)가 마음속에서 풀리지 않고 남아 있다가, 외모나 말투가 약간 비슷한 그 사람과 오버랩되면서 어릴 때 하지 못했던 일종의 복수를 했던 것이다.

"당신은 잘못한 게 없는데 제가 불손했습니다."

내가 그렇게 말하자 그 사람도 "실은 저 역시 제가 그리 대하기 쉬운 사람이라고 생각하지는 않습니다" 라고 하는 것이었다.

놀랍게도 속내를 털어놓고 나니 그 사람의 얼굴이나 말투에서 느꼈던 안 좋은 이미지가 싹 사라졌다.

'아무것도 바꾸려 하지 않을 때 비로소 사람들은 변한다.'

이 생각을 가지는 것이 부하직원을 훌륭하게 키우는 방법의 시작이라는 것을 명심하길 바란다. 즉 무작정 자신의 스타일대로 부하직원을 바꾸려 하지 말고 어떤 것이든 인정할 부분부터 찾아보자. 예를 들어 앞의 상담자의 경우, 변화시키지 않아도 되는 기본 틀을 만들어둔 후에 '단련시킬 부분' 과 '야무지지 못해 고쳐줄 부분' 을 구별하는 것이다. 그리고 차근차근

● 사람을 바꾸려고만 하면

지도해나가면 된다.

어떤 건물이든 그 토대가 부실하면 무너지는 법! 우리는 잊지 말아야 한다. 실제 건축물 공사현장에 가보면 토대 만들기는 생각보다 단순하다. 당신의 부하직원 지도에 대한 토대 만들기도 처음엔 엄두가 나지 않겠지만 실제로 해보면 생각보다 쉬울 것이다.

One **P**oint **L**esson

사람들은 바꾸려고 하면 바뀌지 않는다. 아무것도 바꾸려 하지 않을 때 비로소 사람들은 변해간다. 먼저 상대에게 바뀌지 않아도 되는 탄탄한 토대를 만든 다음 야단치고 단련시키기를 시작하자.

침묵도 중요한
커뮤니케이션?

Question & **A**nswer

Q : 저는 부하직원과 둘이서 움직일 때가 많습니다. 그런데 목적지까지 가는 지하철 안이나 점심시간, 출장을 가는 긴 시간 동안 늘 이야기가 끊깁니다. 그렇게 침묵이 흐르면서 괜시리 서먹서먹해지지요. 일이 아닌 이런 것 때문에 오히려 피로를 느낄 때가 있습니다.

A : 그렇죠. 신나서 떠들다가 화제가 끊기면 속으로 '다음에 무슨 이야기를 하지?' 라고 생각하는 그 몇 초 동안이 참 불편하지요.

서양에서는 이렇게 이야기가 뚝 끊기고 침묵이 흐르는 것을 '데빌 존Devil zone'이라고 한다. 그 순간은 자신들 옆에서 악마가 뛰어가고 있다는 뜻이다. 그만큼 동서양을 막론하고 사람들은 침묵을 힘들어한다. 조용히 상대의 눈만 쳐다봐도 행복한 연인의 관계에서는 그렇지 않겠지만 여기는 회사가 아닌가! 그래서인지 사람들은 이러한 침묵에 관련된 이야기를 들으면 상당히 안심한다.

"뭐야? 나만 침묵을 힘들어하는 게 아니군."

지금부터 커뮤니케이션 레벨에 대해서 알아보자. 이 커뮤니케이션 레벨에 대한 이해를 통해 '침묵'을 새로운 시각으로

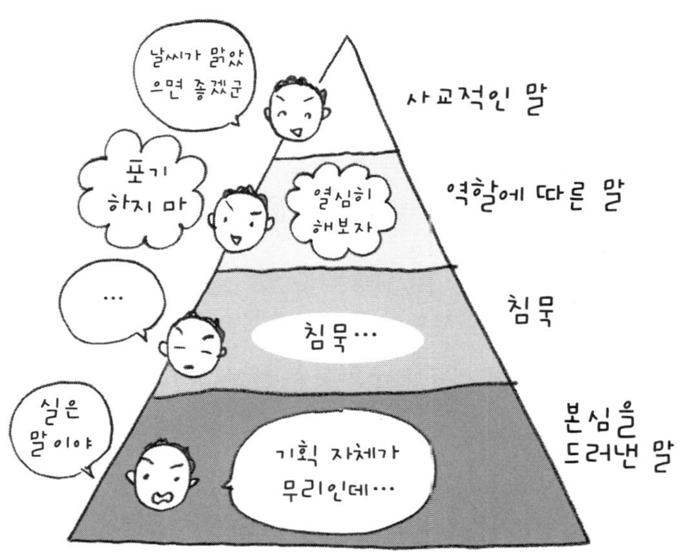

바라보길 바란다.

먼저 커뮤니케이션에서 가장 아래 있는 것이 사람과 사람이 만나면 가볍게 나누는 '겉치레의 말'이다. 인사를 하거나 날씨에 대해 말하는 것도 여기에 해당한다.

그 아래 있는 조금 복잡하고 깊은 커뮤니케이션이 '역할 상의 커뮤니케이션'이다. 이것은 역할에 따라 해야 하는 말을 의미한다. 사람에게는 누구나 사회적 역할이 있고 그에 맞춰 꼭 해야 하는 말들이 있다. 예를 들어 관리직에 있는 사람은 조례시간에 속으로는 '이번 달은 목표치에 도달하기 이미 늦었어'라고 생각되는 상황에서도 겉으로는 이렇게 말한다.

"월말까지 앞으로 3일이다! 포기하지 말자!"

이렇게 누구나 자신이 처한 위치나 상황에 따라 속마음과는 다른 역할 상의 커뮤니케이션을 해야 할 때가 많이 있다.

그럼 그 밑에 있는 커뮤니케이션은 뭘까? 그 밑이 바로 '침묵'이다. 순간 '뭐? 침묵이 무슨 커뮤니케이션이야?'라고 생각할지도 모르겠다. 말로 주고받는 것만이 커뮤니케이션은 아니다.

침묵은 대부분 불편하게 느끼고 그 자체를 인정하려 하지 않기 때문에 이 레벨에서 가능한 한 빨리 다른 레벨로 옮기려 한다. 즉 사람들은 이곳에 머물지 않고 가벼운 화제로 도망치려는 경향이 강하다. 예를 들면 "K리그, 어떻게 돼가고 있어?"라는 식의 말을 던져 얼버무리고는 내심 생각한다.

'휴~ 다행이다. 이 화제로 계속 나가야겠어.'

어쩌면 당신의 속마음 그대로 '지금 너랑 무슨 이야기를 해야 좋을지 몰라 당황하고 있어' 라고 솔직히 말하는 게 의외로 부하직원과의 심리적 거리를 가깝게 할 수 있다. 하지만 그렇게 하는 사람은 그리 많지 않다.

마지막으로 침묵보다 더 아래 있는 것이 '본심' 이다. 그러니까 본심에 끝없이 가까워지기 위해서라도 침묵을 음미할 필요가 있다. '침묵이 있으면 안 된다' 라든가 '분위기를 띄워야지' 라고 침묵을 어색해하고 무조건 벗어나려고 노력하는가? 그렇다면 잠시 그 행동을 멈추고 침묵에 대해 다시 돌아

침묵과 호흡의 관계

보기 바란다.

'침묵이 흘러도 좋다'는 생각으로 가끔은 상대와 그대로 잠자코 마주하거나 침묵을 즐기는 건 어떨까? 그 침묵의 시간이 당신과 부하직원의 심리적 거리가 좁혀지는 순간일 수 있다.

One **P**oint **L**esson

침묵은 '데빌 존'이라 불릴 만큼 대부분 힘들어한다. 하지만 침묵 아래에는 중요한 본심이 있다는 걸 잊지 말자.

'전체관심형 vs 세부관심형'
당신은 어느 쪽?

Q : 업무 보고를 할 때 상사는 자꾸 제 말을 끊습니다. 제 보고 방식이 답답하다는 뜻이겠죠? 그래서 생략해서 보고를 하면 "포인트가 빠졌다"는 말을 합니다.

A : 사람들은 각자가 가진 사고방식에 따라 어떤 문제에 대해 다르게 접근합니다. 이는 뇌에서 정보를 처리하는 방식이 다르기 때문입니다.

NLP에서는 사람이 어떠한 패턴을 가지고 사고하기 때문에 문제가 생긴다고 한다. 사고방식에는 여러 종류가 있다. 앞의 상담자와 상사 태도에서 나타난 유형은 '전체관심형'과 '세부관심형'이라 말할 수 있다.

'전체관심형'은 눈앞에서 벌어지는 일들의 윤곽을 파악할 때까지는 세부적으로 들어가는 것을 좋아하지 않는다. 즉 '전체관심형'의 사람에게는 "이번 안건의 개요는 이렇습니다"라고 처음부터 결론을 말하는 것(또는 묻는 것)이 좋다.

반면 '세부관심형'은 자세한 보고나 감상을 말하고 나서(물어보고 나서) 본격적인 주제로 들어가길 원하는 유형이다. 그렇지

않으면 이런 유형들은 머리가 회전되지 않아 본격적으로 주제에 접근하지 못한다. 상담자의 경우는 상사가 '전체관심형'이고 본인이 '세부관심형'이라 갈등이 생기는 것이다.

내가 많은 사람들을 접하면서 절실히 느끼는 것은, 인간관계가 원만하지 않을 때 십중팔구 대화가 양극으로 벌어지기 쉽다는 점이다. 빛이 강하면 그림자도 더 짙어진다. 당신이 '전체관심형'을 무의식적으로 고집하게 되면 부하직원도 자연히 '세부관심형'을 고집하게 된다. 결국 양극에 서서 대화를 하다 균열이 점점 커지게 되는 것이다.

개인적으로 나의 이야기를 하자면 나는 '전체관심형'에 가깝다. 그리고 같이 회사를 경영하는 대표는 '세부관심형'에 가깝다. 처음에는 각자가 연수한 내용을 서로에게 보고할 때 이런 구조를 잘 몰라 상당히 답답했었다. 그의 이야기를 듣고 있노라면 난 금세 답답해져 이렇게 질문공세를 퍼부었다.

"그런 이야기는 됐고, 연수는 어떻게 끝났어? 사람들은 좋아했어? 다시 의뢰가 들어올 것 같아? 어?"

그러면 그는 질세라 이렇게 말했다.

"자네처럼 그렇게 성급하게 서두르면 일이 잘 안 돼!"

거기에 다시 기분이 상한 나는 필사적으로 응수했다.

"세상은 스피드 시대야!"

NLP에서 이런 사고방식의 유형을 배우면서 나 자신이 한쪽에 집착하는 원 패턴 사고방식의 소유자라는 것을 깨닫게 되었다. 앞에서 말했듯 빛이 약해지면 그림자도 약해지기 마련이다. 자신도 모르게 움켜쥐고 있던 당신의 유형을 깨닫고 그것을 슬그머니 놓는다면 부하직원도 자신만의 스타일을 고집하지 않을 것이다.

이것은 세부적인 이야기부터 하는 것과 큰 테두리부터 이야기를 시작하는 것 중 어느 것이 좋거나 나쁜지를 따지는 게 아니다! 이런 구조를 깨달은 사람이 먼저 상대방 스타일에 조금 맞춰보자는 것이다.

가령 놀이터의 시소를 생각해보자. 비슷한 무게가 양 끝에 있어야 올라갔다 내려갔다 재미를 느끼게 된다. 만약 어느 한

쪽이 너무 무겁다면 나머지 한쪽은 허공에서 헛발질만 하는 셈이다. 그렇다고 항상 상대방 스타일에 맞추라는 이야기가 아니다. 단지 먼저 상대방에 맞춰보면 어느 순간 상대도 변화하여 갈등은 사라질 것이다.

One Point Lesson

'전체관심형'과 '세부관심형'의 대립으로 인간관계가 원만하지 못한 경우가 있다. 무의식적으로 양쪽 모두 각자의 스타일을 고집하다 보면 문제를 해결할 수 없다.

갑자기 야근을 시킨
다음날 아침 **첫마디**

Question & Answer

Q : 거래처 접대가 있어 회사를 나오려는데 갑자기 급한 업무가
생긴 겁니다. 그래서 부하직원에게 그 일을 시키게 됐습니다. 다음
날 아침 나는 "어제는 미안했어. 어젯밤 식사는 어떻게 했어? 참,
어머님께서 뇌경색으로 쓰러지셨다고 했지? 오늘은 일찍 들어가
~"라고 위로의 말을 건넸습니다. 그런데 "어머니는 괜찮습니다.
그보다 이 서류가 제대로 됐는지 좀 봐주세요"라고 쌀쌀맞게 말
하는 겁니다. 요즘 젊은 사람들은 다 이렇습니까?

A : 고대 로마 유적에는 "요즘 젊은 애들은"이라는 낙서가 있다
고 합니다. 옛날부터 사람들은 그렇게 불평해왔다는 이야기인데
지금은 21세기입니다. 그러니까 '요즘 젊은 애들은…'이라는 말로
부하직원을 취급하는 건 바람직하지 않습니다. 어쨌든 당신의 문
제가 무엇인지 지금부터 한번 알아보죠.

먼저 사람의 네 가지 유형에 대해 알아브자. 이것은 예전에 부모들을 위한 '페어런팅'이라는 공부모임에서 배운 사고방식을 응용한 것이다. 다음 그 차이를 간단하게 정리하여 각각의 특징을 파악해보자.

● 컨트롤 *control* 형

사장형 또는 지시형이라고도 하는데 스스로 결정하는 것을 좋아하는 유형이다. 포인트를 먼저 이야기하는 것을 좋아하고 어떤 일이든 결단을 잘 내린다. 거침없이 이야기하기 때문에 자칫하면 차갑다는 인상을 주기 쉽다. 또한 보스 기질이 있어 조직 내에서 힘을 발휘하기도 한다.

상담자의 부하직원은 아무래도 이 컨트롤 형에 해당할 것이다. 이럴 경우 상사가 부하의 식사를 걱정하고 부하의 가족에게 신경을 쓰는 것은 오히려 역효과를 낼 수 있다. 이런 부하에게는 그런 배려보다는 오히려 일을 더 의욕적으로 할 수 있도록 "서류 다 됐으면 좀 보여줄래? 어제 한 일에 대한 보고를 빨리 해줄 수 있어?"와 같은 말을 적절히 건네면서 일 진행의 주도권을 부하직원에게 맡기는 게 좋다.

● 서포터 *supporter* 형

문자 그대로 사람이나 조직을 도와주는 것을 좋아하는 유형이다. 상냥한 말과 행동을 좋아한다. 단 결단을 잘 못 내리기 때문에 우유부단해 보이기 쉽다.

상담자는 아마도 서포터 형일 것이다. 최대한 상냥하게 부하직원을 대하려 하지만 그게 오히려 컨트롤 형인 부하와의 사이를 틀어지게 하고 있다. 그러나 만약 서포터 형인 부하를 만났을 경우 위와 같이 아침에 말해주면 정말 배려심이 많은 분이라며 감격할 것이다.

● 프로모터 *promoter* 형

프로모터란 '촉진시킨다' 는 의미가 있다. 즉 일이나 사내 분위기를 잘 띄우는 사람들이다. 세일즈맨을 연상하면 이해하기 쉬울 것이다.

이런 유형의 사람들은 즐기는 것을 중요하게 생각하기 때문에 사내 분위기 메이커인 경우가 많다. 매사에 적극적으로 분위기를 주도하며 욕심도 많고 도전하는 것도 즐긴다. 그래서 사무적인 정확성을 요하는 일에는 별로 맞지 않는다.

● 애널리스트 *Analyst* 형

분석을 좋아하는 유형이다. 총무경리 형. 자칫하면 어두운 인상을 주기 쉽지만 기한까지 정확히 일을 끝내는 데는 도사다. 단 '어디서, 어디까지, 언제까지' 등 구체적으로 지시하지 않으면 어떻게 해야 할지 고민하여 시작조차 힘들어한다.

물론 사람들은 이 네 가지 유형만으로 분류할 수 있을 만큼

형식을 중시함 ↑

애널리스트 형

- 분석을 좋아함
- 기한까지 정확히 일을 마침
- 구체적인 지시가 필요

컨트롤 형

- 사장형·지시형
- 스스로 결정하기를 좋아함
- 보스기질

서포터 형

- 도와주는 것을 좋아함
- 언행이 상냥함
- 결단을 잘 내리지 못함

프로모터 형

- 분위기 메이커
- 즐기는 것을 중시함
- 사무적인 것은 맞지 않음

▷ 지배력이 강함

단순하지는 않다. 그러나 조직 내에 보이지 않는 갈등이 있을 때는 컨트롤 형 vs 서포터 형, 아니면 프로모터 형 vs 애널리스트 형일 경우가 많다.

자신이 어느 유형에 속하는지 알고 싶다면 다음 두 가지 질문에 대답해보라. 양자택일이 어려울 수도 있지만 일단 둘 중 그나마 가까운 쪽을 고르면 된다. 그러면 결과에 따라서 다음의 네 가지로 분류된다.

1. 형식을 중요시하는 편인가? 중요시하지 않는 편인가?
2. 지배력이 강한 편인가? 약한 편인가?

- 형식을 중요시하는 편이고 지배력도 강하다 : 컨트롤 형
- 형식을 중요시하는 편이나 지배력은 약하다 : 애널리스트 형
- 형식을 중요시하지 않으나 지배력은 강하다 : 프로모터 형
- 형식도 중요시하지 않고 지배력도 약하다 : 서포터 형

실제로 연수에서 이 두 가지 질문을 가지고 세 그룹으로 나눈 다음, 그들의 유형을 알려주지 않고 그룹별로 이야기하도록 유도한 적이 있다. 그러면 각각의 유형이 가진 특징이 놀라울 정도로 두드러진다.

팀 단위로 과제를 맡겼을 때 가장 조용하게 진행하는 건 서포터 형 그룹이었다. 또 서기부터 정해놓고 시간 내에 마치는

● 조직에서 흔한 대립

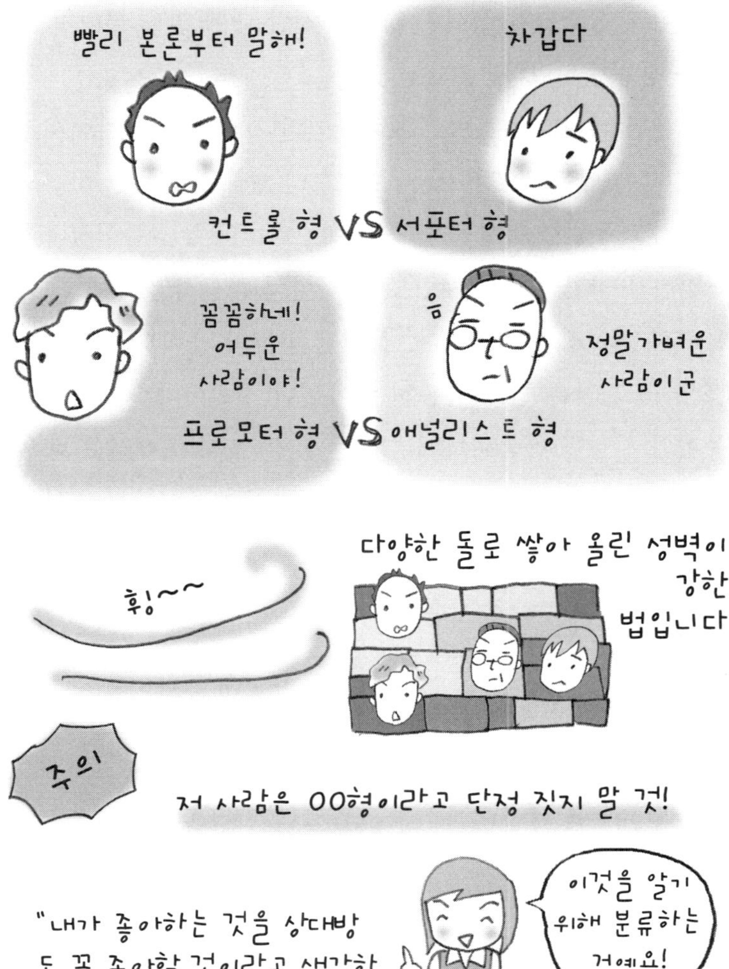

"내가 좋아하는 것을 상대방도 꼭 좋아할 것이라고 생각하면 안 된다."

것은 애널리스트 형 그룹이었다. 컨트롤 형 그룹은 팔짱을 끼고 어렵다는 표정을 하며 심각한 듯 일을 진행했고, 프로모터 형 그룹은 웃음소리가 끊이지 않지만 시간 내에 일을 끝내지 못하는 경우가 많았다.

그뿐만 아니라 그룹별로 모아두었더니 색깔 있는 와이셔츠를 입은 사람들이 많은 곳은 프로모터 형 그룹이었고 비교적 수수하고 무난한 복장을 한 곳은 애널리스트 형 그룹이었다.

같은 유형만 있다면 대립도 없고 마치 꼼꼼히 쌓아 올린 벽돌처럼 질서정연할 것이다. 하지만 바람이 불어도 끄떡없는 것은 크고 작은 돌로 촘촘히 쌓아올린 성벽이다. 즉 다양한 유형의 사람들이 공존하여 일하는 것은 조직 내에서도 매우 중요하다.

> **O**ne **P**oint **L**esson
>
> 컨트롤 형, 서포터 형, 프로모터 형, 애널리스트 형 등 네 가지 유형을 이해하고 나와 상대방을 살펴보자.

부하를 멍～하게
만드는 이야기

Q : 내가 이야기를 하면 부하들의 얼굴이 멍해질 때가 많습니다. 큰 목소리와 밝은 표정으로 말하는데 왜 다들 못 알아들었다는 듯한 표정을 짓는 거죠?

A : 말씀하셨듯이 목소리와 표정은 합격점입니다. 그러나 당신에게 한 가지 더 필요한 것은 이야기할 때의 센스입니다.

이야기에는 덩어리, 즉 크기 차이가 있다. 청크*chunk*는 덩어리라는 뜻인데, NLP에서는 덩어리진 이야기를 '청크'라고 한다. 이야기의 덩어리가 큰 것을 '빅 청크'라고 하고 그런 사람을 '빅 청커'라고 한다. 다시 말해 빅 청커는 추상적인 이야기를 많이 하는 사람을 가리킨다.

빅 청크가 계속되면 듣는 사람은 멍해지고 마치 최면상태처럼 된다는 사실을 상사는 반드시 알아둬야 한다. 바꿔 생각하면 최면상태에 빠지고 싶을 때는 추상적인 이야기만 계속 들으면 된다.

예를 들어 사이비 신흥종교 교주는 대부분 다음과 같이 추상

● 추상적

● 구체적

적으로 말한다.

"여러분의 에너지가 지금 우주로 뛰어오르고 있습니다. 평화로운 파동이 내려오고 있습니다."

이렇게 말하는 사람들은 실제로 자신이 말하는 여러분이 오늘 그곳을 찾아온 사람 중 몇 명을 가리키는지, 에너지는 대체 어떤 종류를 말하는지, 우주는 대체 어느 우주에서 몇 킬로미터 떨어진 곳이고 어떻게 날아가고 있다는 것인지에 대해 전혀 언급하지 않는다. 이렇게 말하는 사람이 있는 곳일수록 장황한 이야기를 늘어놓은 다음 몇 십만 원이나 하는 물건을 사라고 할 수도 있으니 주의해야 한다.

당신이 열심히 이야기하고 있는데 바로 코앞에서 듣고 있는 사람이 졸고 있다면? 당신의 빅 청크 때문에 최면상태가 됐을 가능성이 높다. 사이비 교주의 이야기처럼 말이다. 회사에서도 늘 이렇게 말하는 사람이 있다.

"이 사업부는 점점 신장하고 있습니다. 여러분들 노력의 결과입니다. 앞으로도 이대로만 가면 순조롭게 성장할 수 있을 것입니다. 위에서도 상당히 만족하고 있습니다. 이러쿵저러쿵…."

혹시 당신의 모습은 아닌지 살펴보자. 이런 식의 조례를 매일 반복한다면 부하직원들은 멍해질 수밖에 없다.

'점점 신장하고 있다'는 것이 구체적으로 어느 정도 수준을 말하는 것인지…

‘여러분들의 노력’이라니, 특히 공헌한 사람은 누구라는 소리인지…

‘이대로만 가면’이라니 대체 최근에는 어떤 영업 전략을 내걸었기 때문에 이대로 가야 하는지, 광고 예산은 앞으로 어느 정도 잡고 있다는 이야기인지…

‘위에서도’라니 대체 누구를 말하는 거고 어떤 말로 기뻐했다는 이야기인지…

더 구체화해야 한다!

이런 식으로 세분화하여 말해야 하는 사항들을 빅 청크로 부하직원들에게 말하면 당연히 그들은 멍해질 수밖에 없다.

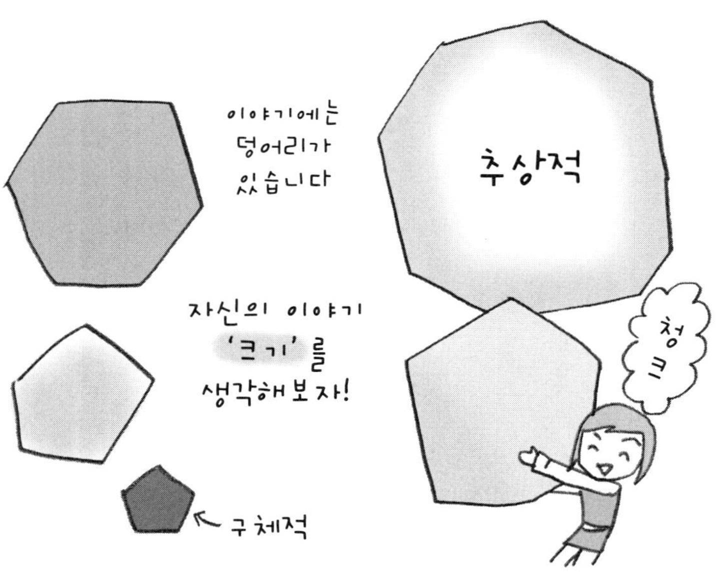

비록 잠은 자지 않겠지만 '어? 내가 지금 무슨 이야기를 들었지?' 하게 될 것이다. 물론 갓 들어온 신입사원에게는 이런 식의 빅 청크로 좀 멍해지게 해서 회사에 대한 꿈을 갖게 하는 것도 나쁘지 않다.

빅 청크와 스몰 청크가 조화를 이룬 변화무쌍한 이야기 구성이 조례나 회의 시간에 필요하다는 것을 꼭 기억하자.

One **P**oint **L**esson

상대를 멍하게 만들고 싶지 않다면 자신이 하는 이야기의 청크(덩어리)를 생각해보자. 빅 청크는 사람들을 최면상태로 만든다.

세세한 부분까지 이야기하면
꿈이 쨍그랑!

Question & Answer

Q : 상사는 하나에서부터 열까지 너무 꼼꼼합니다. 물론 직장에서는 그런 것이 필요하다는 건 알지만, 업무보고를 하거나 기획서를 작성할 때 일일이 구체적인 숫자와 근거를 요구하고 작은 실수까지 지적을 받다 보니 점점 의욕이 사라집니다.

A : 앞에서는 커뮤니케이션의 빅 청크에 대해 말했는데 이번에는 그 반대인 스몰 청크(작은 덩어리)를 설명하면서 이번 질문에 답을 할까 합니다.

　우선 스몰 청크란 구체적인 이야기나 숫자, 객관적인 정보 등을 가리킨다. 앞에서 빅 청크가 계속되면 일종의 최면상태가 된다고 했는데, 스몰 청크는 그 반대의 상황이라고 생각하면 된다. 즉 최면에서 깨어나는 상태가 된다는 것이다. 좋게 말하면 야무진 것이고 나쁘게 말하면 꿈이 시들어버리는 느낌이다.

　몇 년 전에 TV에서 닛산의 CEO가 도쿄 내 초등학교 5학년생을 대상으로 수업을 하는 흥미로운 기획 프로그램을 방송한 적이 있었다. 그는 빅 청크와 스몰 청크를 절묘하게 섞어가며 지루하지 않게 수업을 진행했다.

● 쨍그랑~ 꿈이 깨지는 소리

처음에는 폐쇄된 공장 수와 해고된 종업원 수 등을 칠판에 구체적으로 적고 취임 당시 적자를 본 금액에 대해서도 꼼꼼히 설명했다. 상대가 아이라고 해서 대충하지 않았던 것이다. 그리고 수업 마지막에는 아이들 스스로가 빅 청크를 만들 수 있도록 한 사람 한 사람에게 '차가 가진 앞으로의 가능성' 이라는 주제로 작문과 그림 숙제를 냈다.

이틀 동안 수업이 진행되었는데 그 마무리는 그가 컴퓨터 그래픽을 이용해 아이들의 작품을 큰 화면에 비추는 것이었다. 또 내레이션으로 차는 인류가 아직 가보지 못한 미지의 세계를 탐험할 수 있는 도구이며 거동이 불편하신 할머니도 혼자서 백화점에 갈 수 있는 수단이라는 것을 시사하는 내용으로

이루어졌다.

그는 참으로 적절하게 이야기를 끌어갔다. 이야기가 끝나자 아이들이 초롱초롱 빛나는 눈으로 침착하게 자신의 감상을 말했다. 나는 그 장면이 상당히 인상적이었다. 그는 앞으로의 가능성과 미지의 세계 등을 언급한 빅 청크와 적자금액이나 공장 수를 언급한 스몰 청크를 섞어서 말했기에 성공적으로 수업을 마칠 수 있었다.

빅 청크와 스몰 청크 중 어느 쪽이 좋다고 말할 수 없다. 그 상황에 맞춰 스몰 청크든지 빅 청크든지 적절하게 사용하는 기술을 터득해야 할 것이다. 대화를 할 때 양 극단에 서는 것은 주의해야 할 일이라는 사실은 계속해서 달하고 있다. 따라서 어느 한쪽으로 무게 중심이 쏠린다고 느껴지면 잠시 멈춰 서서 조절할 필요가 있다.

우리가 일하는 현장에서도 마찬가지다. 하지만 업무상에서는 좀더 스몰 청크를 염두에 두고 말해야 한다. 즉 '쿠션 효과가 있는 말'을 사용하는 게 좋다. 예를 들어,

"조금 구체적인 이야기를 해야 할 것 같은데 괜찮을까?"

라고 상대에게 양해를 구하거나,

"이건 내 생각인데 말이야"

라는 식으로 하나의 가능성으로 이야기를 시작하는 것이다. 사전에 이런 말 없이 구체적인 이야기나 수치만을 늘어놓으며 스몰 청크로 진행하면 듣는 사람들은 꿈이 쨍그랑 깨지는 것

같은 기분을 느낀다. 또한 상사의 입장에서 부하직원에게 계속해서 이런 식으로 말하면 '부하직원은 밑에 있는 사람'이라는 생각을 강요한 결과가 되므로 주의하자.

One **P**oint **L**esson

스몰 청크가 계속되면 듣는 사람들의 꿈이 쨍그랑 깨지게 되므로 주의할 것! 빅 청크와 스몰 청크의 균형을 맞추고 적절한 자리에서 응용하는 것이 중요하다. 그리고 어쩔 수 없이 스몰 청크가 계속될 때에 대비해 쿠션 효과가 있는 말들을 미리 준비해두자.

부하는 시각, 청각, 체각?

Q : 전 직장후배에게 까다로운 거래처에 갈 때는 특히 일이 잘 풀리는 상상을 하면서 가라고 말합니다. 그런데 그는 아무 생각이 안 떠오른다고 합니다. 결코 부정적인 성격이 아닌데도 말이죠. 제가 잘못된 걸까요?

A : 우리는 보통 오감(시각, 청각, 촉각, 미각, 후각)을 이용해 생활하고 있다고 생각하지만 각자 더 뛰어난 감각을 주로 이용해 대화를 하고 있습니다. 이를 '대표감각'이라고 합니다.

사람의 대표감각을 가지고 나누면 크게 ①시각 타입(보는 것을 중시하는 사람), ②청각 타입(소리, 목소리를 중시하는 사람), ③체각 타입(실제로 만지거나 만지지 않더라도 느껴지는 감각을 중시하는 사람) 등 세 가지가 있다.

물론 우리는 평소 이 감각들을 총동원해 눈앞에서 벌어지는 일에 대해 어떻게 할지 순간적으로 결정한다. 그러나 일반적으로 사람은 특히 뛰어난 자신만의 감각이 있다. 그것을 대표감각이라고 한다.

대표감각은 그 사람이 사용하는 말에도 나타난다. 시각 타입의 사람들은 그림이나 영상으로 사물을 인식하거나 상상을 잘

한다. 상담을 청해온 사람 역시 직장후배에게 '상상해보라'라고 했던 것은 시각 타입이기 때문에 그렇게 말한 것이다. 하지만 만약 상대가 다른 타입의 사람이라면? 이는 도통 감을 잡기 어려운 말이 될 것이다.

만약 상대가 청각 타입이라면 "계약이 잘돼서 거래처 사람들하고 담소를 나누는 소리를 상상하면서 가보는 건 어때?"라는 식으로 바꿔서 말해줄 필요가 있다. 또는 '너라면 할 수 있어! 괜찮아'와 같은 말로 청각적인 치료를 해준다면 그가 원하는 상태를 향해 나아가는 데 도움이 된다.

체각 타입에는 "일이 잘 풀릴 때의 그 쾌감을 상상해봐"라

고 말하면 될 것이다. 즉 몸속의 느낌에 대해 묘사해서 들려주는 게 좋다. 두근두근하다든지, 가슴이 뜨거워지는 느낌이라든지….

여기서 주의해야 할 점은 체각 타입은 말을 감각적으로 받아들이기 때문에 다른 사람들보다 이해를 하거나 이미지를 떠올리는 데 좀더 시간이 걸린다.

따라서 자신의 아이가 또래 아이보다 조금 늦게 말을 이해한다고 해서 걱정할 필요가 없다. 그가 가진 특유의 감각이 다를 뿐이다. 그러므로 아이든 어른이든 질문을 하고 그 답변을 얻을 때는 조금만, 아니 몇 초만이라도 기다려주는 여유를 갖자.

그렇다면 자신의 대표감각은 어떻게 알 수 있을까? 아주 간단히 체크할 수 있는 방법이 있다. 즉 편안한 상태에서 눈을 감고 '최근 사람들과 식사를 하면서 즐거웠던 일'이라는 말을 듣고 제일 먼저 강하게 떠오르는 생각을 살펴보는 것이다. 어렴풋하게라도 떠올려보자.

① 식사 그 자체나 친구, 가족들의 웃는 얼굴 등 영상이 먼저 떠오르는 사람은 시각 타입
② 레스토랑에서 틀어놓은 음악이나 사람들이 즐겁게 떠드는 소리 등이 먼저 떠오르는 사람은 청각 타입
③ 의자의 편안함이나 맛있는 음식이 배를 채우는 포만감 등 감각이 먼저 떠오르는 사람은 체각 타입

어느 한 가지에 딱 떨어지지 않고 두 개 타입에 해당하는

사람도 있다. 또는 언어를 중시하여 통신판매 잡지에서 넥타이 무늬에 대한 설명만 읽고 상품을 주문하는 사람들도 있다.

어느 쪽이든 상대의 대표감각을 알면 어떤 말을 하든지 실수를 줄이게 된다.

One Point Lesson

사람들에게는 대표감각이 있다. 시각, 청각, 체각 등…. 자신과의 차이를 알면 대화를 할 때 실수를 막을 수 있다.

부하직원과 **어떤 식**으로
이야기를 하고 있는가?

Q : 회사 연수에서 직장 내 커뮤니케이션에 대해 배웠습니다. 그때 배웠던 방법 중 하나는 '자신의 모습을 비디오로 찍어서 보기'였습니다. 저는 평소 나름대로는 웃는 얼굴로 잘하고 있다고 생각했는데 비디오 속의 제 모습은 쌀쌀맞고 딱딱한 아저씨여서 깜짝 놀랐습니다.

A : 비디오 촬영을 해보는 것은 매우 효과적인 방법입니다. 왜냐하면 비디오는 훌륭한 강사이기 때문입니다. 2차원의 세계라고는 해도 자신의 모습이나 목소리, 표정을 왜곡하지 않고 그대로 보여주니까요.

미국에서는 육아 때문에 고민하는 어머니들을 위한 카운슬링 현장에서 자주 쓰이는 방법이 있다. 바로 아이와 이야기하는 장면을 미리 비디오로 찍어뒀다가 본인에게 보여주는 것이다. 그렇게 함으로써 어머니 스스로가 깨닫게 만드는 방법이다. 이 방법을 이용하면 단순히 카운슬러의 이야기를 듣는 것보다 더 빨리 고쳐진다고 한다.

비디오는 자신의 커뮤니케이션 버릇을 아는 데 정말 좋은 도구이다. 나 역시 코칭 강좌를 앞두면 미리 녹화테이프를 이용하여 나의 태도를 살펴본다. 이렇게 보기만 해도 사람들은 자신의 버릇을 알게 될 뿐만 아니라 자연스럽게 불필요한

버릇을 고치게 된다.

우리는 거울을 보면 누가 시키지 않더라도 자연스럽게 헝클어진 머리를 고치고 옷매무새를 가다듬지 않는가! 그것과 같은 이치이다. 즉 자신의 모습이 찍힌 영상은 가장 객관적으로 스스로 문제가 되는 부분을 수정하도록 해준다.

이 외에도 자신이 어떤 식으로 부하직원들을 대하고 있는지 알 수 있는 또 하나의 방법이 있다. 바로 자원봉사활동이나 친목 운동경기 등을 통해 회사가 아닌 전혀 다른 장소에서 부하를 만나는 것이다. 즉 자신이 부하직원의 입장이 되어 지시받는 경험을 해보면 많은 것을 느끼게 된다. 특히 영국에서는

● 다른 장소에서 알게 되는 것

주말에 자원봉사활동을 하는 사람들이 많다. 그들은 평소의 역할과 다른 역할을 하면서 자신의 새로운 모습을 발견할 수 있어 좋다고 한다.

나의 의뢰인 중 한 분인 건설회사의 중역은 나의 권유로 보이스카우트를 지원하는 자원봉사팀에 참여한 적이 있었다. 그는 평소 회의 때 부하직원들이 의견을 내지 않는 것에 불만을 갖고 있던 사람이었다. 그는 회의 때마다 부하직원에게 소리치기 일쑤였다.

"도대체 아무 생각이 없는 거야? 모두들 꿀 먹은 벙어리가 돼서 어쩌란 말이야!"

그런 그가 비품 구입을 위하여 보이스카우트 회의에 참석한 적이 있다고 한다. 그곳 리더는 신참인 의뢰인의 의견 대부분을 무시하거나 이런저런 이유로 퇴짜를 놓았다. 의뢰인은 그것을 통해 느낀 바가 많았다고 한다.

"가만히 생각해보니 나도 팀원들의 이야기를 들을 때 그 리더처럼 윽박지르거나 의견에 동의하지 않았어요. 맞장구를 치지 않았었죠."

그리고 뭔가 깨달았다는 표정으로 덧붙였다.

"제가 이런 식으로 했으니 팀원들이 당연히 의견 내기가 싫을 거예요."

나는 처음부터 그가 가진 잘못된 커뮤니케이션 태도에 대해 누누이 말해왔었다. 하지만 그는 확실히 깨닫지 못했던 거였다. 즉 그 상황에 직접 부딪친 후에야 자신을 다시 바라보게 된 것이다. 부하직원의 잦은 실수의 원인이 그를 대하는 당신의 태도에 있을 수 있다. 비디오 촬영을 통해 자신의 태도를 확인하기 번거롭다면 꼭 지시를 받는 부하직원의 입장이 되어보자. 단 한 번이라도 좋다. 당신은 놀랄 만한 사실을 발견하게 될 것이다.

One **P**oint **L**esson

자신의 모습을 찍은 비디오는 자신을 다시 돌아보게 하는 도구이다.
또 자원봉사활동도 평소 몰랐던 자신의 모습을 발견하게 도와준다.

136

당신의 긍정적 태도는
혹시 가짜?

Q : 신제품 회의에서 상당히 과감한 광고비 예산안이 나와서 저는 의문을 갖고 질문하였습니다. 그런데 상사의 답변은 "영업을 그렇게 소극적인 생각으로 하면 안 되지!"라는 것이었습니다. 이래도 되는 겁니까?

A : 흔히 있는 직장 내 불협화음입니다. 언뜻 긍정적 사고를 하는 사람과 부정적 사고를 하는 사람과의 대립처럼 보입니다. 하지만 정확히 말하면 당신의 상사는 진정한 긍정적 사고를 하는 것이 아닙니다.

진정한 긍정적 사고는 우리에게 적극적이며 큰 포부를 가지고 꿈을 실현할 수 있도록 도와준다. 또 사물이 가진 장점과 그 가치를 찾기 위해 필요하다. 따라서 어떤 부정적인 의견이나 반대 의견이 있더라도 싸우거나 잘라버리지 않고 의견을 듣고 답하는 자세를 취하는 것이 긍정적 사고이다.

인간관계에서 자신의 의견만을 고집하여 양극에 서서 팽팽하게 줄다리기 하면 결국 서로의 에너지만 고갈시킬 뿐이다. 이번에는 '가짜 긍정적 사고 vs 부정적 사고' 에 관하여 살펴보자.

직장 내에서 부하직원과 대립이 있을 때 상사로서 가장 쉽게 취하는 자세는 긍정적인 척하는 것이다. 이렇게 가짜로 긍정

적인 척하는 사람들은 자신이 '긍정적으로 생각하고 있다'는 깃발만 흔들고 있을 뿐 진정한 긍정적 사고를 하는 건 아니다. 즉 부정적 사고를 하는 사람들이 제시하는 문제를 직시하지 못한다. 그뿐만 아니라 부정적 사고를 하는 사람들이 문제를 족집게처럼 잘 찾는다는 것도 인식하지 못한다.

반면 부정적 사고를 하는 사람들은 어떤 사람들일까? 이들은 가짜 긍정적 사고를 하는 사람들이 늘어놓는 장대한 꿈의 문제를 어떻게든 찾아내는 사람들이다. 또 문제와 씨름하는 것과 친구와 노는 것 중 문제와 씨름하는 것을 더 좋아한다. 좋게 말하자면 평소에 자주 문제와 마주하기 때문에 문제에 강한 사람들이다. 그것이 이들의 강점이다. 또한 미래에 발생

● 긍정적 & 부정적

가능한 위험한 문제를 지적하기 위해 이들은 다른 사람들의 경험, 진행과정을 보면서 결과를 예측한다. 즉 실수 가능성을 미리 판단하는 것이다.

이에 반해 긍정적 사고를 하는 사람들은 문제에 약하다. 그러나 장점을 찾는 힘이 강하다. 그뿐만 아니라 건설적인 견해와 생각을 제시하는 능력이 탁월하다. 그래서 부정적 사고를 하는 사람들의 의견을 받아들이면서 함께 배를 끌어가는 힘도 감추고 있다. 이것이 그들의 강점이다. 이러한 긍정적 사고가 가짜로 둔갑하여 무늬만 '긍정적' 이어서는 안 된다. 그러나 우리는 회사에서 종종 이런 가짜 긍정적 사고의 상사를 만나게 된다.

긍정적 사고와 부정적 사고도 서로가 서로에게 좋은 친구가 될 수 있다. 즉 부족한 부분을 서로 보완하면서 최강의 팀이 된다는 인식을 가져보자.

현대사회에서 부정적 사고를 하는 사람들에게 "OK!" 사인을 받을 수 있다면 그것은 최강의 아이디어, 혹은 제작이나 기획, 신제품이 될 것이다.

내가 강의를 했던 한 회사의 회의를 참관했을 때도 비슷한 대립을 겪는 것을 보았다. 신제품 패키지에 자칫하면 약사법에 저촉될 만한 표현이 있었다. 다시 인쇄할 예산과 시간은 없는 상황이었다. 나는 부정적 사고를 하는 사람들에게 민원에 대응하기 위한 매뉴얼을 만들도록 지시하였고, 긍정적 사고를 하는 사람들에게는 적극적으로 전시회에 참가해 초판

140

패키지를 가능한 빨리 판매할 수 있는 영업추진 계획을 마련
하도록 제안했다.

직장 내에서 업무 상 어떤 문제에 봉착했을 때는 긍정적 사
고와 부정적 사고를 이용하면 어떤 식으로 일을 진행해야 할
지 답이 보일 것이다.

One **P**oint **L**esson

긍정적인 의견밖에 듣지 못하는 긍정적 사고는 '가짜 긍정적 사
고'이다. 긍정적 사고와 부정적 사고가 대립하는 덫에 빠져 부하
의 귀중한 의견이나 제안을 묵살하고 있지는 않은지 지금 한번 되
돌아보자.

아직도 **웃음만**을 고집하는가!

Question & Answer

Q : '직장은 밝은 게 최고지!' 라고 생각하여 애써 농담을 해가며 모두의 긴장을 풀기 위해 노력하고 있습니다. 그런데 그런 노력을 할수록 부하직원들과 분위기가 서먹서먹해지고 저와 그들 사이에 벽이 있는 것처럼 느껴집니다.

A : 웃음이 갖는 효과는 예전부터 많이 거론돼왔습니다. 분명히 웃음은 인간관계를 원활하게 해주기 때문에 중요합니다. 하지만 '웃음이 항상 누구에게나 최고는 아니라는 것' 입니다.

웃으면 복이 온다는 둥, 웃는 얼굴에 침 못 뱉는다는 둥… 웃음의 힘을 나타내는 속담은 참으로 많다. 웃음의 힘은 그야말로 위대하다. 그러나! 앞에 있는 사람과의 사이에 있는 벽을 없애는 데는 웃음 이외에 몇 가지 요소가 더 필요하다.

자, 다음 여섯 가지를 주목해보자. 이 가운데 적어도 2~3개의 요소만 갖추어도 사람과 사람 사이의 벽은 스르르 무너지게 될 것이다.

1. 주목(눈길을 보낸다)

사람들은 눈길을 받으면 그만큼 인정받았다고 생각한다.

◦ 풀이 죽어 있는 사람에게는 때로는 역효과

반대로 아무리 칭찬을 받아도 아이 콘택트(눈 맞춤)가 없으면
벽이 있는 것처럼 느낀다. 그렇기 때문에 농담을 할 때도 눈
을 마주치지 않고 한다면 그건 단순히 자기만족을 위한 것일
뿐이다.

2. 진실된 이야기

아부나 겉치레가 아니라 마음속 깊이 우러나오는 이야기를
한다면 사람들은 그 이야기에 공감하게 된다. 회의에서 논쟁을
하더라도 진심으로 문제를 해결하려고 노력했다면 '비 온 뒤에
땅이 굳는다' 는 말처럼 상황이 변하게 될 것이다. 그렇다면 이
대화는 아주 훌륭하게 성립된 것이다.

3. 친밀감 있는 인간관계

'부하직원과는 매일 얼굴을 마주치기 때문에 친밀하다' 고
생각하면 큰 오산이다. 당신은 그를 얼마나 알고 있는가? 또는
알려고 노력하는가? 무조건 사이가 좋아지라는 소리는 아니
지만 역시 사람은 친밀감을 느껴야 비로소 마음을 열게 된다.
그러기 위해서는 '주목' 이나 '진실된 이야기'가 필요하다.

4. 웃음

웃음은 중요하지만 여섯 개 중 하나의 구성요소일 뿐이다.
다른 다섯 개와 비슷한 수준이지 특별한 것이 아니라는 뜻이다.

144

오히려 다른 다섯 개의 요소가 마련돼 있지 않은 상태에서 갑자기 웃음만 가지고 부하직원과 좋은 관계를 유지하려고 한다면 직장에서 붕 떠버릴 수 있다. 즉 다른 구성요소를 잘 갖추지 못한 사람이 웃음만으로 뭔가 해보려는 것은 바람직하지 않다. 난처한 상황이 돼버릴 수도 있다.

5. 보디랭귀지

낙담하고 있는 부하직원의 어깨를 두드려주거나 성과를 올렸을 때는 악수를 하는 것이 말 한 마디보다 효과가 있다. 단 부하직원이 이성일 때는 성희롱으로 받아들여질 수도 있으니 주의해야 한다.

* 타인과의 사이에 보이지 않는 벽이

6. 연수나 세미나 등

사내연수에 함께 참가하면 새롭게 친근감이 서로에게 생겨나기도 한다. 또는 휴일을 이용해 세미나에 참가해보면 자신이 사람들에게 어떻게 대하고 있는지 알 수 있다.

One **P**oint **L**esson

직장을 밝게 하거나 부하와의 벽을 없애는 데 웃음이 만능은 아니다. 다른 구성요소도 존재한다는 것을 알아두자.

유행이나 패션 따위엔
관심 없다고요?

Q : 오랜만에 고등학교 동창회에 갔다가 저는 충격을 받았습니다. 광고대행사에 근무하는 친구들을 보았는데 저보다 몇 년이나 젊어 보이는 겁니다. 생각해보니 저는 지금까지 회사와 집만 왔다 갔다 했더군요. 솔직히 점심시간에 부하직원들이 요즘 유행하는 이야기를 하면 하나도 모르겠습니다. 그저 아는 척 고개만 끄떡입니다.

A : 당신은 매우 중요한 것을 깨달으셨습니다. 이런 점을 깨닫지 못하면 많은 사람들이 "사람은 외모가 다가 아니다"라고 허세를 부리거나 반대로 "나도 나이가 들었나 봐"라고 너스레를 떨기도 합니다.

점심시간에 항상 가는 식당을 이제 좀 바꿔보는 건 어떨까? 항상 가는 미용실은? 밤에 마시는 술의 종류를 바꿔보는 건? 어떤 것이든 괜찮다. 자신의 삶에 작은 변화라도 주길 바란다. 그러면 저절로 마음이 변하게 된다. 가장 중요한 것은 변화를 마음 먹은 당신이다.

"난 그런 유행이나 패션 같은 거 몰라" 라고 스스로 규정짓는 사람들도 물론 있다. 만약 당신이 그렇다면 '나무는 보되 숲을 못 본다' 는 말을 이용하여 '나무는 보고 숲을 보지 않는 전술'로 나가보는 것이다.

현재 유행하는 것(숲)이 너무 방대해 무엇부터 손대야 좋을지

도통 감 잡기 어려운가? 그래서 불쑥 행동으로 옮기기가 망설여진다면 마음에 드는 나무부터 손대보자. 즉 카페나 미용실, 새로운 넥타이 등 자신이 가까이 하기 쉬운 것부터 시작해보자! 그러면서 나무를 하나씩 늘려가는 것이다.

예전에 내가 판매부에 있을 때 함께 일했던 부장님은 명색이 젊은 여성을 타깃으로 하는 숙녀복을 판매함에도 불구하고 유행에는 관심조차 없는 사람이었다. 그래서 부장님이 없을 때마다 '아저씨 중 아저씨'라고 여직원들은 수군거렸다. 그뿐만 아니라 새로운 음식점에는 전혀 가질 않았다. 점심시간마다 늘 먹던 음식만 먹었고, 회식을 하더라도 가던 곳만 가자고 요구하기 일쑤였다.

내가 그것을 좀 깨보고자 멕시코 요리 전문점에서 회식을 하자고 제안했다. 그날은 부장님의 생일이었다. 예상대로 부장님은 거기까지 가는 게 귀찮다며 불평했다. 하지만 우리는 젊은 여성의 취향과 라이프스타일을 알아야 한다고 막무가내로 끌고 갔다.

다들 음식이 맛있다며 좋아했고 분위기 역시 좋았다. 처음 부장님은 주뼛주뼛 낯선 환경에 경계를 하는가 했더니 시간이 흐르자 의외로 음식과 분위기 모두 만족해했다. 클라이맥스는 가게의 불이 갑자기 다 꺼지고 '생일축하' 노래가 흐르는 동안 작은 촛불이 켜진 케이크가 부장님 앞에 놓인 때였다. 가게 전체가 대합창을 하게 되었고 그야말로 서프라이즈 파티였다.

가게를 나설 무렵 부장님은 울먹이며 이렇게 말했다.

"오십이 넘어 이렇게 새로운 경험을 하고 나니 참으로 감동입니다. 제가 숙녀복 부장을 맡고 괴로운 날도 많았습니다. 실은 패션 같은 분야에 뛰어난 감각이 없다 보니 더 이상 알려고 노력조차 하지 않는, 일종의 포기랄까…. 그렇게 살아온 것 같아요. 하지만 여러분들 덕분에 전 이겨낼 수 있었습니다. 정말 감사합니다. 이제 이런 경험을 자주 해봐야겠다는 생각이 듭니다."

부장님은 자신의 삶에서 일어날 작은 변화가 매우 두려웠던

❋ 해보자! 마음도 바뀐다

것이다. 그 두려움이 그저 '귀찮음'으로 둔갑해 지내왔던 거
였다.

혹시 당신의 모습은 어떤지 살펴보자. 새로운 어떤 것을 시
도하는 게 귀찮다며 늘 반복적인 삶을 살고 있지는 않은지…. 점심식사 메뉴를 고르는 것처럼 단순한 일부터 업무상의 불편한 프로세스를 고치는 일까지 당신 앞에는 변화를 기다리는 다양한 일들이 무수히 펼쳐져 있다. 새로운 경험을 한다는 것은 어떤 일에서도 자극이 되는 중요한 일이다.

One **P**oint **L**esson

단골집을 바꿔보면 어떨까? 유행을 경험하는 것은 마음의 도전정신을 키우는 것이다.

때로는 **실패담**을 들려주자

Question & Answer

Q : 상사의 과거 무용담을 듣다 보면 그가 분명히 기발하고 용기 있는 대단한 사람이라는 생각이 들어서 전 점점 위축이 됩니다.

A : 상사가 자신의 업적을 이야기하는 것은 다른 뜻이 아니라 당신에게 용기를 주기 위해서입니다. 다만 그는 당신의 의욕을 고취시키는 것이 자신의 성공 이야기밖에 없다고 생각하는 것이 문제이지요.

그럼 어떻게 하면 좋을까? 당신은 과거 무용담뿐만 아니라 때로는 자신의 실패담을 부하직원에게 이야기해야 한다. 이것은 카운슬링 용어로 '자기개방'이라고 한다. 즉 마음을 열고 이야기한다는 의미가 있다.

부하직원의 의욕을 고취시키고 싶다면 때로는 자신의 실패담을 이야기하는 용기가 필요하다. 단 중요한 것은 '때로는'이라는 사실이다. 항상 쉴 새 없이 실패담을 말할 필요는 없다는 말이다. 즉 대대로 내려오는 비법처럼 가끔 이야기를 들려주면 부하직원은 새롭게 의욕을 갖게 될 것이다.

부하직원에게 자신의 실패담을 말하라니…. 물론 이것이

* 자신이 마음을 여는 만큼 상대방도 마음을 열어준다

자신의 치부를 보이는 것이라고 생각할 수 있다. 또는 영원히 숨겨놓고 싶은 자신만의 비밀이라 공개하기 꺼려질 수 있다.

언젠가 심리학 세미나에 갔을 때 만난 캐나다 강사는 이런 말을 했다. "전쟁 영웅이나 스카이다이빙 명수 등 세상에는 용기 있는 사람들이 많이 있습니다. 하지만 자신의 비밀을 솔직하게 말하는 용기는 그런 사람들조차도 상당히 어려운 일입니다. 왜냐하면 그것은 전쟁터를 누비거나 비행기에서 뛰어내리는 것보다 훨씬 큰 용기가 필요하기 때문입니다."

몇 년 전에는 비서를 대상으로 연수를 한 적이 있었다. 그곳에서 정말 용기 있는 여성을 만났다. 그곳의 여성 리더였는데 아주 유능한 비서로 대단한 커리어 우먼이었다. 그녀는 나를 소개하기 전에 먼저 이렇게 말했다.

"실은 오늘 강사 분을 소개하기 전에 제 이야기를 잠시 할까 합니다. 저는 이혼을 했고 아들이 하나 있습니다. 이혼했다고 손가락질을 받고 싶지 않아서 아들을 열심히 키웠고 아들도 잘 따라와줬습니다. 기대했던 의대에도 한 번에 합격한 똑똑하고 자랑스러운 아들이었죠.

그런데 정작 임상실습을 나갔다가 갑자기 우울증이 걸렸습니다. 실은 그런 아들을 이해하기 위해 퇴근 후 커뮤니케이션 공부모임에 참가하게 됐던 것입니다. 그때 이 강사 분을 만나 코칭에 대해 배웠었습니다. 전 미처 모르고 살았던 커뮤니케이션 기술에 대해 배울 수 있었습니다. 덕분에 아이의 우울증도 치료할 수 있었죠. 아이는 오로지 나를 위해 의대에 진학했던 겁니다. 하지만 실습을 하면서 자신과 맞지 않는 전공에 힘들어했고, 그래서 심각한 우울증에 시달렸습니다. 이 강사 분의 도움으로 아이와 저는 새로운 삶을 살게 되었습니다. 제 인생의 바꾼 이 코칭을 여러분들 역시 일뿐만이 아니라 여러 곳에서 활용하실 수 있기를 바라는 마음에서 이번 연수를 기획하게 됐습니다."

이렇게 그녀는 자신의 육아, 가족의 비밀을 스스로 가슴을 열고 털어놨다.

휴식시간이 되자 그녀 주변에는 많은 수강생들이 모였다.

● 거리가 확 가까워진다

"지금까지 왠지 가까이 하기 어려웠는데 오늘 이야기를 듣고 정말 가깝게 느껴졌어요."

"웬 코칭 연수냐고 생각했는데 적극적으로 참가해야겠다는 의욕이 생겼습니다."

여러 소감이 수강생들 사이에서 터져 나왔다. 때로 자신의 실패담을 이야기하면 사람들과의 거리가 가까워진다. 그 가까워진 거리에서 하는 말이 부하직원에게 격려가 되는 것이다.

> **O**ne **P**oint **L**esson
>
> 때로는 자신의 실패담을 이야기하면 상대의 마음이 열리고 새롭게 의욕을 고취시킬 수가 있다.

156

거짓말 탐지기와
악마의 속삭임

Question & **A**nswer

Q : 무슨 일을 하든 '아직 멀었어', '이렇게 해서 되겠어?' 라는 부정적인 생각이 솟구칩니다. 내년에 후배가 생기는데 걱정이 많은 저를 조금이라도 향상시키고 싶습니다.

A : 저도 새로운 거래처에서 일을 시작할 때면 머릿속에 있는 악마가 '괜찮을까?', '이 정도로 준비해서 되겠어?', '말이 막히면 어쩌지?' 라는 부정적인 말을 속삭이곤 합니다. 이것을 이겨낼 방법을 알려드리지요.

악마가 속삭이더라도 걱정할 필요가 없다. 이런 악마의 속삭임에 잘 대처할 수 있는 '마법의 말'이 있으니까.

대학교 때 교양으로 나는 범죄심리학 수업을 들었다. 사실 범죄심리학이라는 거창한 이름 때문에 기대를 하고 들었는데 기대에 비하면 별로 재미가 없었다. 그러던 어느 날, 졸고 있던 내 귀에 '거짓말 탐지기' 라는 재미있는 키워드가 들어왔다.

"거짓말 탐지기만 가지고 범인 취조를 하는 시대는 끝났지만 혹시 그 원리를 알고 있는 학생 있나요?"

교수님께서 질문을 던졌다. 잠시 침묵이 흐른 뒤 교수님은 그 원리를 간단히 설명해주었다.

사람들의 심장이 두근두근하면 운동할 때와는 다른 정신성 발한이 일어난다. 땀은 염분으로 돼 있는데, 손가락에 전극판을 붙여놓고 심장이 두근거릴 때 흐르는 정신성 발한이라는 기분 나쁜 땀에서 평소와 다른 전류의 양을 기계가 탐지해 그래프화한다는 것이다.

교수님은 결정적인 한 마디를 던지셨다.

"전 세계 경찰에겐 비밀인데 실은 마법의 말을 속삭이면 이 정신성 발한은 억제할 수 있습니다. 하지만 이게 다 알려지면 거짓말 탐지기는 무용지물이 됩니다. 그러니 말해줄 수 없어요."

궁금한 학생들이 알려달라며 조르자 회심의 미소를 지은 교수님을 입을 열었다. 비밀이라 했던 그 한 마디는 '음~'

● 악마의 속삭임에는 작은 동의를!

이었다. 그러니까 깊고 깊은 끄덕임의 음성이다.

실제로 범인이 아님에도 불구하고 "너, 빈집 털러 들어갔잖아! 솔직하게 말하란 말이야!"라고 소리치면 이 말을 들은 사람은 속으로 '큰일 났다!'고 생각하게 되어 정신성 발한이 일어난다. 이런 식으로 의심을 받던 혹독한 시대도 있었다.

반대로 정말 범인이더라도 대범하여 마음속에서 '음~'이라고 소리를 내면 이상하게 긴장이 풀리면서 정신성 발한은 일어나지 않아 바늘이 흔들리지 않는다는 것이다.

그러면서 이 '음~'이라는 마법의 말은 긴장을 풀어주거나 불안감을 없애줄 때 특히 효과가 있으니 자신에게 가끔 들려주라고 하였다.

수업 이후 나는 한동안 이 '음~' 소리를 통해 불안하거나 자책하고 싶을 때 적절하게 사용하였다. 시험을 앞둔 상황에서나 건강검진 결과를 기다릴 때나 특히 혼자 있을 때는 소리 내서 '~음'이라고 한다. 이 소리를 제대로 내려면 실제로 숨을 많이 내뱉어야 하기 때문에 그 자체가 큰 심호흡이 되는 것이다. 소리를 내지 못하는 상황일 때는 이미지를 머릿속에 그려보면서 하는 것이 좋다.

걱정이 많은 성격을 바꾸는 것은 어렵다. 물론 자신의 머릿속에 있는 악마의 속삭임을 막는 것도 쉬운 일이 아니다. 하지만 그때마다 '음~' 소리를 냄으로써 악마의 속삭임 때문에 흔들리는 것은 막을 수 있다. 직장 내에서 가장 긴장하게 되는

160

순간이 바로 상사의 결재를 앞둔 때일 것이다. '뭐라고 하면 어쩌지?', '분명 이것밖에 못하냐고 소리칠 거야.' 이런 생각이 들면 마법의 말 '음~'을 이용해보자. 분명 걱정하던 일이 잘 해결될 것이다.

One Point Lesson

불안하거나 자신이 부족하다고 느낄 때, 자신이 미덥지 않을 때는 '음~' 하고 끄덕이면서 소리를 내 악마의 속삭임에서 자유로워지자.

시야를 넓히는
마법의 기술

'자신이 옳다'라는
우물에 빠진 개구리

Question & **A**nswer

Q : 내가 지시했던 처리방식 때문에 '오히려 손님이 화를 냈다'는 말을 직장후배에게 들었습니다. 물론 그럴 수도 있겠지만 순순히 인정이 안 됩니다.

A : 충분히 이해해요. 후배가 하는 말을 무조건 다 인정하면 자신의 존재가 사라지거나 왠지 진 것 같은 느낌이 들기 마련이죠.

당신이 갖춰야 할 것은 '내려오는' 센스이다. 엥? 도대체 이 것이 무슨 말인가 하고 고개를 갸우뚱 한 사람이 많을 것이다. 내려오라는 것은 자신만이 옳다고 믿는 자세를 벗어나라는 말이다. 즉 거만하고 고집스럽 꼭대기에서 아래를 보며 지휘를 하지 말고 내려와서 동등한 입장에서 말하란 이야기다.

흔히 직장에서 후배가 생기면 '내 말이 맞아!'라고 주장하는 고압적인 자세가 되기 쉽다. 즉 위에서 지시하는 형태가 된다. 하지만 이런 생각의 궤도를 수정해야 후배가 당신을 진심으로 따를 것이다. 그게 불가능하다면 정말 우주 한 공간을 외로이 차지하고 있는 슬픈 고립상태가 되고 만다.

따라서 당신은 '내려오는' 센스를 기를 필요가 있다. 이것은

● 내려오는 타이밍을 알아야 한다

자신의 체면을 깎지 않으면서 부하의 얼굴을 봐도 민망해지지 않는 방법이다. 구체적으로

"아까 내가 말한 관점은 잘못됐을지도 몰라."

"좀 다른 방법이 있을지도 모르겠군."

이것이 자신을 돌아보는 '내려오기'의 한 방법이다.

나는 회사에 취직해서 교육연수를 담당한 적이 있었다. 이때 내려오는 센스가 필요하다는 것을 절감하게 해준 사건이 있었다. 난 후배에게 "△월 △일 연수해야 하니까 회의실 두 개 빌려 둬. 매뉴얼에 그렇게 돼 있으니까"라고 말했다.

그런데 이게 웬일인가? 당일 회의장에 갔더니 후배들이 큰

● 내려오기

회의장 하나만 빌려놓은 거였다. 기절초풍할 노릇이었다. 그 후배에게 따져 물었더니 불쾌한 듯 대답했다.

"칸막이를 하면 될 거라고 생각했어요."

그날 연수는 두 그룹으로 나누어 토론을 진행할 예정이었는데 각 그룹의 말이 상대 팀에 들리지 않도록 해야 했다. 당일 날 회의실은 하나밖에 없는 상태였고, 따라서 계획한 연수는 이대로 불가능했다. 난 어떻게 해야 할지 몰라 안절부절 못하고 있었고 수강생들의 집합시간은 점점 다가왔다.

난 마음을 다잡아 보려고 화장실로 달려가 심호흡을 하기 시작했다. 그리고 '내려오기'를 결심했다. 생각해보니 구체적으로 방을 어떻게 빌렸는지 물어본 기억이 없었다. 그 사실을 인정했더니 자연스레 나 자신이(꼭대기에서) 내려오게 되었다. 그 후배를 찾아가 확인하지 못한 나의 잘못을 말하며 계획을 수정해야겠으니 조금 도와달라고 부탁했다.

"아까는 정말 미안했어. 나 역시 순간 당황해서 어쩔 줄 몰라서 그런 거야. 제대로 상황을 설명했어야 하는데 말이야. 곧 연수가 시작되는데 도통 어떻게 해야 할지 모르겠어. 좀 도와주겠어?"

그러자 흔쾌히 도와주겠다며 병풍을 이용해 칸막이를 설치해주었다. 난 연수를 무사히 잘 끝낸 뒤에 진정한 대화를 나누었다. 놀랍게도 그 후배는 내가 무서워서 여름 보너스가 나오는 즉시 그만둘 생각을 했었다는 거였다.

168

'내려오기'란 결코 굴복하는 것이 아니라 상대와 나 사이의 공간이 더 넓어지는 것임을 실감한 내 인생 최고의 날이었다.

One **P**oint **L**esson

"아까 내가 말한 관점은 잘못됐을지도 몰라", "좀 다른 시각이 있을지도 몰라"라고 말하고 자신을 되돌아보는 것을 '내려오기'라고 한다. 이는 결코 다른 사람들한테 지거나 휩쓸리는 것이 아니다.

월트 디즈니의
창의적 전략으로 회의를

Question & **A**nswer

Q : 부하직원에게는 창의성을 갖고 일하라고 말하지만 사실 저는
입사한 지 10년째인데도 아이디어가 늘 똑같은 것 같습니다.

A : '창의성'이나 '크리에이티브'라는 것은 말이야 쉽지 행동은
어려운 법입니다.

　　NLP에 '월트 디즈니의 창의적 전략'이라는 것이 있다. 대단히 창조적인 활동을 했던 월트 디즈니의 뇌가 어떻게 되어있는지 분석해 그 발상법을 누구나 활용할 수 있도록 만들어놓은 것이다.

　　월트 디즈니의 머릿속에는 몽상가, 현실주의자, 평론가 등 상상의 방 세 개를 갖고 있었다. 그는 작품을 제작하거나 음미를 할 때 각각의 방에 들어가 철저히 그 포지션에 빠져있었다고 한다. 다시 말해 몽상을 할 때는 확실히 몽상을 하고 비판을 할 때는 철저히 비판하고 현실화를 고민할 때는 철저히 현실성을 고민했던 것이다. 마지막 단계에서는 이 세 가지를 통합해 작품을 완성했다.

이 전략모델은 방 안에 각각 세 개의 포지션을 정한다. 중요한 것은 실제로 몸을 움직여 그 포지션으로 가는 것이다. 그리고 각 포지션으로 가면 철저하게 그 포지션의 역할을 부끄러워하지 말고 연기해본다. 만일 그 포지션과 다른 행동이 시작되면 다른 두 개의 포지션 중 어느 한 쪽으로 가서 그곳의 발상법을 해보는 것이다.

예를 들어보자. 한 아동복 매장은 매출이 다른 지점에 비해 너무 나빠서 긴급회의를 열었다. 난 그들에게 이 월트 디즈니 전략모델을 이용하길 권했다.

우선 모두 몽상가가 되어 말했다. 평소 턱을 괴고 상상하는 것을 좋아하던 한 여직원이 먼저 입을 열었다.

"자유롭게 상상하는 거라면, 전 연예인이 왔으면 좋겠어요. 팬 사인회를 열면 사람들이 좋아할 거예요."

사람들은 '그건 당연히 불가능하지'라는 얼굴을 했다. 하지만 다른 방으로 이동해서 생각해보자며 계속해서 회의를 진행시켰다.

모두가 현실주의자가 된 두 번째 방에서는 "사인회의 1회 예산이 ○○만 원이니까 조금 절약해서 강연을 기획해보는 건 어떨까요?"라고 누군가 제안했다. 그후 평론가의 방에서는

"회식 횟수를 줄입시다", "점심시간에 지급되는 도시락이 너무 비싸지 않습니까?" 등의 의견이 쏟아졌다.

마지막에 세 개의 영역에서 벗어나 이를 통합할 방법에 대해

172

이야기를 시작했다. "연예인의 사인회보다 아이들이 좋아하는 만화영화 감독이나 칼럼을 쓰는 사람이 있지 않습니까? 그 사람을 불러 강연회를 기획하는 건 어떤가요?" 등의 의견이 나왔고 이는 다음 회의 때 바로 성사되었다. 그것도 무료로!

강연이 있고나서 지역 신문에 강연소식이 실리게 되었다. 그 다음부터 직원들의 의욕이 날로 커졌고, 매장은 점점 활기차게 변했다. 자연히 매출도 서서히 오르기 시작했다. '창의적인 일'이란 막연히 꿈을 키우는 작업이 아니다. 세 가지 영역이 골고루 균형 맞춰 있을 때 비로소 나타나는 것이다.

월트 디즈니 전략모델로 살펴봤을 때 사람은 각각 더 크게 만들어둔 방이 있다. 즉 자신이 주로 가는 방이 있는 것이다.

173

따라서 이 전략모델을 사용하면 의견교환이 용이하여 좀더 새로운 생각과 창의적인 계획들이 나오게 된다.

직장 내에서 좀더 새로운 대안을 찾기 위한 회의를 할 때 이 전략모델을 이용해보자. 당신은 놀라운 일을 경험하게 될 것이다.

One **P**oint **L**esson

월트 디즈니의 전략모델을 이용해 사내에 새로운 바람을 일으켜 보자.

심벌과 비전의 차이

Question & Answer

Q : 저는 얼마 전 과장으로 승진했습니다. 사내에서는 승진이 빠른 편이라고들 합니다. 기쁘지 않다면 거짓말이겠지만 가끔 이런 생각이 듭니다. '이렇게 승진을 목표로 인생을 살아야 하나?' 이럴 때마다 마음이 복잡해집니다.

A : 대기업에 몸담고 있다면 승진은 분명히 중요한 일이지만, 말씀하셨듯이 그것만을 목표로 한다면 삶의 허무함을 느끼게 됩니다. 그건 왜 그런 걸까요?

많은 사람들이 목표로 생각하고 있는 것은 실은 단순한 심벌symbol인 경우가 많다. 앞의 상담자의 경우 '과장이 되는 것'이 그의 심벌이다. 심벌 자체는 결코 나쁜 것은 아니지만 문제가 있다. 대부분 심벌을 손에 넣는 순간 퇴색돼버린다는 점이다.

그렇기 때문에 심벌만 가지고 사는 사람은 심벌이 손에 들어오는 순간 또 다시 다음 심벌을 계속 추구하게 된다. 마치 자전거가 쓰러지지 않도록 필사적으로 페달을 밟는 것과 같은 이치이다.

　그럼 이 심벌의 반대편에 있는 것은 무엇일까? 나는 '비전'이라는 말을 사용하고 있다. 여기서 내가 말하는 비전이란 '장래의 목표, 현실화할 수 있는 계획을 가진 것'을 가리킨다. 그럼 심벌과의 차이는 뭘까?

　예를 들어 1년 후에 자신이 담당했던 일이 어떻게 결실을 맺고 있을지, 3년 후 자신은 부하직원과 어떤 관계를 맺을지 등에 관한 것이다. 하지만 심벌은 몇 년 후에 부장이 돼 있을지, 이사가 돼 있을지 등을 그려보는 것이다.

　예전에 세이브 구단에서 자이언츠로 이적했던 기요하라 가즈히로 선수가 이유를 알 수 없는 슬럼프에 빠졌던 것도 내 나름대로는 이 심벌의 덫 때문이었을 거라고 분석하고 있다. 기자회견 때 "동경하던 자이언츠의 유니폼을 입게 되어 기쁩니다!"라고 말했던 기요하라 선수는 아마도 심벌을 손에 넣은 다음의 일에 대해서는 스스로 확실하게 정리해두지 못했을 것이다.

　많은 사람들이 다이어트에 성공하지 못한 것도 이런 이유 때문이다. 2킬로그램 감량이라는 심벌이 손에 들어오면 '날씬해졌는데 이제 어떡하면 되지?', '어떤 행동이나 삶의 방식을 가져야 하지?' 등의 문제로 고민하게 된다. 즉 심벌의 달성 다음의 일은 계획해두지 않았던 것이다. 그리하여 다시 예전의 삶으로 돌아가게 되며 요요현상을 겪는다.

얼마 전 나의 커뮤니케이션 수업을 들었던 한 학생이 찾아와 이런 말을 해주었다.

"저는 대학생들이 동경하는 회사 리스트 3위 안에 꼽히는 △△회사에 입사했습니다. 물론 기뻤지요. 그런데 후에 이것이 비전을 달성한 것이 아닌 심벌을 손에 넣은 것이라는 말에 충격을 받았습니다. 전 비전을 세워 새로운 행동지침으로 삼기로 했습니다.

저는 5년 후에 나의 이름을 딴 독특한 영업 방식을 확립하여, 그걸 매뉴얼화해서 후배들이 활용할 수 있도록 하는 것으로

◉ **심벌은 퇴색된다**

세웠습니다. 그리고 그 매뉴얼을 모두 웃는 얼굴로 활용하는 모습을 상상해봤습니다. 그로부터 3년이 지난 지금 그것이 정말로 실현됐습니다. 입사 때와는 또 다른 감격을 맛보고 있습니다."

심벌은 언뜻 보기에는 힘이 있어 보이지만 손에 들어오면 퇴색돼버린다. 동기 부여를 계속 해주는 원동력은 비전이다. 둘의 차이점을 아는 것과 모르는 것은 하늘과 땅처럼 큰 차이가 있다.

One **P**oint **L**esson

지금 목표나 목적을 잠시 점검해보자. 이것이 심벌(단순한 상징)인지 아니면 비전(미래의 목표)인지 살펴보자. 심벌은 손에 들어오는 순간 퇴색되지만 비전은 당신에게 힘을 가져다 줄 것이다.

다그치기 전에
비유를 써보자

Q : 나의 부하직원은 나와 이야기를 할 때 상당히 긴장을 하는 것 같습니다. 그가 조금이라도 긴장을 풀 수 있도록 신경을 쓴다고 쓰는데 그게 잘 안 됩니다.

A : 지금 당신이 당장 할 수 있는 것은 "긴장하고 있어?"라고 물어봐주는 것입니다. 사람은 누구나 긴장하고 있다는 것을 상대가 알아차려만 줘도 여유가 생깁니다.

부하직원과 대화할 때 심호흡을 하거나 그가 말하는 속도에 맞춰보라고 충고하면 "그런 건 당연히 하고 있다"고 말하는 사람이 있다. 그런데도 부하직원이 당신을 어려워한다면 비유를 써서 효과적으로 해결하도록 하자.

실제로 NLP 중에는 '메타포(비유)에 의한 문제해결'이라는 방법이 있다. 비유를 사용하면 사람들은 이미지를 훨씬 더 잘 떠올릴 수 있고 새로운 기분이 든다.

예를 들어 부하직원이 "월말까지 2주도 안 남았는데 예산을 달성하는 건 힘든 상황입니다"라고 말했다고 하자. 이렇게 말하는 부하직원에게 무턱대고 "포기하지 마!"라거나 "정말 큰

● 비유로 해결!

일이군"이라고 말하면 너무 밋밋하다.

이럴 때는 비유의 방법을 써보자.

"지금 우리가 등산을 한다고 생각해보자고. 등산으로 치면 60퍼센트 정도까지 올라온 건가? 등산은 60퍼센트 올랐을 때가 가장 힘들지. 하지만 그 고비만 넘기면 80, 90… 꽤 수월하게 진행될 거야. 그리고 정상에 오르면 당연히 훌륭한 경치를 볼 수 있고! 월말에 일이 잘 마무리되면 같이 시원하게 맥주나 한 잔 하지~"

예를 들어서 격려하면 쉽게 이미지를 떠올릴 수 있기 때문에 더욱 효과적이다. 상사로서 할 수 있는 것은 가능한 부하직원이 잘하는 것이나 좋아하는 것에서 찾아 비유하면 된다.

만약 부하가 테니스를 좋아한다면?

"서브를 하면 반드시 공이 돌아오지? 그걸 기다리기만 하면 되는 것처럼 영업에서도 서브를 하면 반드시 돌아오게 돼 있으니까 좀 기다려 봐. 그렇지만 서브 힘이 부족해서 돌아오지 않는 거라면 더 힘껏 쳐야지, 안 그래?"라는 식이다.

나는 전자레인지를 이용해 만드는 간단한 야식을 좋아한다. 그래서 일의 아이디어가 떠오르지 않을 때는 먼저 이렇게 생각해보는 것이다. 식재료가 없어서 요리를 못하고 있으니 식재료를 구입해야겠다고 말이다. 그러면 아이디어 수집을 위해 당장이라도 서점에 가고 싶어진다. 또 서점에 가면 최신 흐름이 한눈에 쏙 들어오기도 한다. 즉 예를 들어서 생각하면 이상하리만치 쉽게 일이 진행되는 것이다.

직장에서 부하직원에게 질책할 일이나 피드백을 줘야 할 상황이 있으면 예를 들어 설명하거나 비유를 하면 좀더 효과적으로 설득될 것이다. 자, 경험해볼까?

One **P**oint **L**esson

눈앞에 닥친 문제를 해결할 때 이미지를 잘 떠올릴 수 있도록 도와주는 비유를 사용하는 것은 참신하고 좋은 방법이다.

부하의 실수가 잦아지면
생활에 관심을 갖자

Question & **A**nswer

Q : 후배 중에 매우 신경 쓰이는 한 사람이 있습니다. 전에는 생기가 넘쳤는데 요즘은 왠지 기운이 없습니다. 그리고 일을 맡기면 전에는 바로바로 잘하더니 요즘에는 기한을 넘기고도 완성을 못합니다. 그와 진지하게 이야기를 해보려고 생각 중입니다.

A : 연수나 개인 코칭, 카운슬링 등을 하다 보면 이와 비슷한 고민을 털어놓는 분들이 있습니다. 한번 해결책을 찾아봅시다.

이럴 때 나는 "그 사람 생활의 변화에 관심을 가져본 적이 있습니까?"라고 물어본다. 그러면 다들 깜짝 놀란 표정을 짓는다. 예를 들어 부주의한 실수가 잦아진 직원을 불러 물어봤더니 최근 1년 동안 아내는 임신을 하고 아버지는 쓰러져 입원을 하여 형제들과는 재산상속 문제로 연일 가족회의를 한다는 대답이 나온 적이 있다.

표면적으로는 아무일 없어 보여도 그 정도로 일이 겹치면 문제가 되기 마련이다. 사람에게서 생활의 변화는 적절한 수준이면 에너지를 높여주는 활력이 된다. 그러나 너무 많이 겹치게 되면 심신이 지쳐서 일의 능률이나 정확성, 주위와의 커뮤니케이션에 지장이 생길 수 있다.

생활의 변화로 인해 기운이 빠지고 일에 실수가 잦은 사람에게는 가능하다면 6개월 정도는 일의 내용을 바꾸거나 새로운 일을 늘리지 않도록 배려가 필요하다.

생활의 변화는 항상 부정적인 일(병이나 상처, 간병, 이혼, 경제상의 변화 등)만이 문제가 되는 것은 아니다. 아이의 진학, 본인의 결혼, 본인과 가족의 임신, 또는 출산 등 긍정적인 일이라도 이것이 겹치면 본인에게는 부담이 된다.

이런 이론을 가르치는 나 역시 머리로는 이해하고 있다. 하지만 암 선고를 받고 입원했던 2000년도는 나에게도 정말 힘든

● 좋은 일이라도 변화는 힘들어

186

생활의 변화가 있었던 해였다. 그때 같이 회사를 운영하는 파트너가 회사 일을 혼자 도맡아 처리해줘 나는 마음 편히 치료를 받을 수 있었다.

우리의 인생이라는 것이 항상 힘든 일의 연속이며 오히려 아무 일도 없는 것이 이상하지 않은가!

직장인이라면 누구나 일을 우선순위에 두어야 한다고 생각하지만 개인적인 생활이 안정되지 않고 어떤 문제를 겪고 있다면 일에 집중할 수 없다. 즉 갑자기 실수가 잦아진 부하직원에게는 좀더 세심한 관심을 보여야 할 것이다. 자신의 입장에서만 생각하면 그의 기분은 절대 알 수가 없다.

생활의 변화에 신경을 쓰면서 그것이 잘 해결될 수 있도록 도와주는 것이 부하직원이 다시 일에 집중하여 성과를 내도록 돕는 방법이다.

One Point Lesson

전에는 생기 있던 부하가 웬일인지 기운이 없다면 생활의 변화에 대해 관심을 가져보자. 생활의 변화가 아무리 긍정적인 것이더라도 겹치게 되면 본인에게는 부담이 된다.

부하직원의 **좋았던 기억**을 일깨워주자

Question & Answer

Q : 요즘 실패를 계속하는 부하직원을 격려해주고 싶은데 어떻게 힘을 줘야 효과적일까요?

A : 부하직원이 기운이 없을 때 단순히 "기운 내"라는 말은 별로 효과가 없습니다. 그럴 때 도움이 되는 방법이 상대가 가지고 있는 리소스에 대해 말해주는 겁니다.

　우선 여기서 말하는 '리소스resource'란 그 사람이 원래 갖고 있는 마음속의 그 무언가를 의미한다. 기억을 떠올리면 마음이 따뜻해지거나 얼굴이 환해지는 것, 또는 그런 경험을 가리키기도 한다. 구체적으로는 좋은 추억, 존경하는 사람, 몰입해서 즐겁게 할 수 있는 일, 취미, 과거의 성공담, 마음에 드는 장소, 아끼는 물건이나 사람 등 그 범위도 폭넓다.

　언젠가 유방암 치료센터에 자원봉사를 간 적이 있다. 여성에서 유방암이란 얼마나 치명적인가! 그래서인지 그곳 환자들은 자신의 병에 대해 비관할 때가 많았다. 나는 그들에게 이 '리소스'를 일깨울 수 있도록 교육하였다.

　암이 림프구로 전이된 것을 알고 낙담하는 환자에게 입원 전

● 리소스를 들어보자
많은 것을 깨닫게 될 것이다

189

무슨 일을 할 때가 즐거웠는지 물어보면 수영을 하거나 무서운 시어머니와 화해했던 일들이라며 잠시나마 얼굴에 생기를 되찾는 것을 여러 번 목격했다.

직장에서도 같은 방법을 사용할 수 있다. 일 때문에 의기소침해 있는 후배에게 그 사람이 가진 마음의 리소스를 일깨워주면 좀더 빨리 상황을 극복할 힘을 얻는다. 예를 들어 학창시절 동아리 활동을 했던 기억을 떠올리게 하는 것이다. 그러면 그 때는 열심히 했었는데 지금의 자신은 최선을 다하고 있지 않다는 것을 스스로 깨닫게 되는 경우도 생긴다.

NLP에서는 '사람들은 누구나 충분한 리소스를 갖고 있다'는 것을 전제로 상대를 대한다. '누구나 마음의 보물을 갖고 있다' 라는 자세가 있어야 비로소 그 사람과 좋은 관계를 만들 수 있는 토대가 생긴다. 그렇게 하기 위해서는 먼저 그 사람에게 흥미를 가져야 한다. 당신은 부하직원의 마음속 리소스를 얼마나 알고 있는가? 혹은 알려고 노력하고 있는가? 아니면 그것을 소중히 생각해주고 있는가?

스쿠버 다이빙의 기억을 떠올리는 부하에게 "그런 것 따위 난 관심 없어!"라고 말한 적은 없는가? 당신이 관심 갖지 않는 분야여도 괜찮다. 어떤 식으로 하는지 전혀 몰라도 괜찮다. 그저 당신은 "그래? 그건 언제부터 했어?" 라는 식으로 상대의 말에 주의와 관심을 보여주기만 하면 된다. 여기서부터 시작이다.

190

리소스를 떠올리며 행복한 상태가 된 것을 '리소스풀한 상태' 라고 한다. 즉 자신의 경험에서 느꼈던 성취감, 충실감, 자신감, 혹은 안식을 떠올리고 그 때의 감각을 다시 몸에 되살린 순간이다. 리소스풀한 상태를 만듦으로써 우리는 낙심이나 고민에서 좀더 쉽게 벗어날 수 있다.

연수에서 두 사람씩 짝을 지어 자신의 리소스을 이야기하게 했더니 많은 사람들이 "눈 깜짝할 사이에 시간이 지나갔다"고 했다. 이야기가 끝나면 몸이 따뜻해졌다는 사람도 있다. 그 외 많은 사람들이 누군가가 이야기를 들어줘서 기뻤다거나 상대방의 리소스를 듣고 그 사람의 몰랐던 면을 알게 된 것 같아

★한가운데에 자신의 사진이나 일러스트를, 주변에는 리소스를 붙여보자

신선하다고 말했다.

부하직원이 어려움에 부딪쳐 낙담해 있을 때 의욕을 불러일으켜줄 수 있는 방법 중 하나라는 것을 알고 지금 당장 그의 이야기를 귀담아 들어주자.

One **P**oint **L**esson

사람들은 누구나 풍부한 리소스를 가지고 있다. 상대의 리소스를 끌어내 들어보려는 노력은 그저 안이하게 격려하는 것보다 훨씬 효과적이다.

때로는 21세기형
조령모개

Q : 우리 회사는 상사의 말이 자주 바뀝니다. 어느 것을 따라야 할지 모르겠습니다.

A : 기업연수를 위해 사원들의 인터뷰를 한 적이 있었는데 그때 자주 나오는 말이 "우리 회사는 방침이 자주 바뀌어서 의욕이 사라집니다"였습니다. 이렇게 자주 말이 바뀌는 것을 '조령모개'라고 하지요.

조령모개(朝令暮改)는 중국 한서에 나오는 가르침으로 '아침에 명령을 내리고 저녁에 이를 수정한다'는 뜻이다. 명령과 방침이 끊임없이 바뀌어 믿을 수 없는 나쁜 리더십으로 알려져 있다. 물론 지시가 자주 바뀌면 그 밑에서 일하는 사람들이 의욕을 상실할 수밖에 없다. 하지만 나는 '조령모개는 악'이라는 당신의 생각을 바꾸기 위해 다음과 같은 이야기를 하고자 한다.

리더의 위치에 있는 사람은 조령모개에 대해 이렇게 말한다.

"방침이 자주 바뀌면 의욕이 사라지는 건 사실이지만 조령모개는 몇 천 년 전 그것도 다른 나라의 낡은 가르침입니다. 지금은 21세기입니다. 요즘 같은 시대에는 오히려 각 분야의 스피드가 우선시되는 예전과는 다른 시대입니다. 따라서 리더는 방침이나 지시를 바로바로 바꿀 수밖에 없는 경우도 있

습니다. 그렇게 생각하지 않으십니까? 그런 상황을 자꾸 비판한다면 여러분들의 부서가 잘 될까요?"

자, 그럼 당신의 입장에서 살펴보자. 위에서 정한 사항을 피할 수 없다. 즉 조령모개의 상황에서 당신이 아무리 노력한들 벗어날 수 있는 건 아니다. 다만 부하직원들이 그것을 이해할 수 있도록 최대한 어떻게 전달할지 고민해야 하는 게 당신의 역할이다.

현대사회의 조령모개는 비즈니스 분야에서는 불가피한 어쩔 수 없는 부분이다. 경영자를 비판하지 말고 왜 조직이 조령모개를 하고 있는지 그 배경을 이해하려는 배려가 필요한

● 세상의 변화를 따라가면

시대가 됐다. 그뿐만 아니라 당신은 회사 안팎에서 급속한 변화가 일고 있다는 것을 부하직원들이 잘 이해할 수 있도록 상황을 충분히 설명할 수 있는 커뮤니케이션 능력을 갖춰야 한다.

'무의미한 형벌'이라는 유명한 실험이 있다. 이는 '사람은 자신이 뭘 하고 있는지 모르면 의욕을 상실하고 때로는 마치 형벌처럼 고통을 동반한다'는 사실을 밝혀낸 것이다. 그러니 리더는 부하직원이 지금 하고 있는 일이 무엇을 위한 것이고 특히 방침을 철회할 때는 왜 그래야 하는지 충분히 전달해야 한다. 그렇지 않으면 소중한 전력을 잃게 된다.

앞에서 이끌어주는 상사가 이런 커뮤니케이션 노력을 소홀히 한다면 조령모개라며 불만을 키워가는 사람만 모인 조직으로 전락해버릴 것이다. 그런 조직은 확실히 부패할 수밖에 없다. 즉 '우리 회사는 조령모개다'라고 말하는 사람은 결국 개인적으로도 시대에 뒤처지게 될 것이다.

One Point Lesson

조령모개는 나쁜 것이라고 단정 짓지 말고 때로는 용기와 배려심을 갖고 방침을 잘 전달할 수 있는 사람이 되자.

196

시각을 바꾸면
전혀 다른 풍경이 보인다

Question & Answer

Q : 후배의 언동에 악의가 없다는 것은 알지만 너무 눈에 거슬립니다. 예를 들면 별 것도 아닌 일을 우쭐해져서 떠들지를 않나 눈에 띄는 색의 와이셔츠를 입고 사장님이나 임원들한테도 너무 격의 없이 대합니다. 물론 도덕적으로나 법률적으로 아무 문제가 없지만 말입니다.

A : 상대의 거슬리는 부분이나 난처한 상황을 마치 액자를 바꾸듯이 시각을 완전히 바꿔보는 것이 어떨까요? 이를 NLP에서는 '의미 전환'이라고 합니다. 간단히 말하면 상황에 따라 시각을 바꾸는 것입니다.

사람들은 흔히 "이렇다!", "~일 것이다!"라고 자신도 모르게 단정 짓거나 믿어버리는 경향이 있다. 그러나 새로운 액자를 씌우면 새로운 시야가 열릴 것이다. 특히 앞의 상담자처럼 상대의 거슬리는 부분은 자신도 해보고 싶었지만 못해본 것일 수도 있다.

상대의 거슬리는 점은 실은 그런 행동을 아무렇지도 않게 해버리는 상대에게 느끼는 '부럽다'는 열등감의 일종일 수도 있다. 물론 이런 사실을 인정하기 어려울지 모르겠으나 그런 느낌을 부정하면 할수록 상대의 행동이 필요 이상으로 신경 쓰이고 안절부절 못하게 될 것이다.

이럴 때 필요한 것이 '의미전환(리프레이밍 *Reframing*)'이다.

198

이는 틀을 의미하는 framing에서 비롯된 말로써 '틀을 바꾸어 본다'라는 의미를 가지고 있다. 즉 한 번 부여했던 의미를 새롭게(긍정적으로) 바꿔서 부여하는 일이다. 불행한 느낌에 젖어 있다든지 문제에 빠져 진퇴양난인 상태라면 이것을 이용해 상황을 긍정적으로 바꿀 수 있다. 그럼 부하직원의 언동을 전혀 다른 관점에서 받아들여보자.

• 별 것도 아닌 일을 우쭐해져서 떠들어댄다.
→ 별 것도 아닌 일을 그런 식으로 긍정적으로 확대해석할 수 있는 것도 하나의 재능이다. '우쭐해져서'를 바꿔 말하면 '당당하다'는 것으로 자신감을 갖고 일하고 있다는 증거다.

• 눈에 띄는 색의 와이셔츠를 입는다.
→ 다른 사람과 비슷한 것을 입지 않는 것은 그의 개성이다. 주위에 맞춰 무난한 노선을 걷지 않는 것이 그의 독특한 점이라 할 수 있다.

• 사장님이나 임원들한테도 너무 격의 없이 대한다.
→ 그런 분들한테도 격의 없이 말할 수 있다는 것은 부하가 어떤 상황에서도 다양한 사람들과 적극적인 관계를 만들 수 있다는 반증이다. 격의가 없다는 것은 바꿔 말하면 겁먹지 않고 일을 하고 있다는 뜻으로 그의 강점이 될 수 있다.

의미전환은 사람에 대한 평가뿐 아니라 눈앞의 상황에도 쓸 수 있다. 예를 들어 나의 지인 중에는 최근 5년 동안 한 전시회를 전국적 규모로 키워낸 한 남성이 있다. 그는 늘 이렇게 말했다.

"나는 전시회와 관련해서는 전혀 줏대가 없다는 게 장점이야. 왜냐하면 완전히 중립적인 입장에서 출전자들을 평가할 수 있고, 출전자들을 모을 때도 전혀 연줄이 없기 때문에 큰 회사들이 같이 출전을 해도 신경 쓸 필요가 없어. 제로상태에서 생각할 수 있기 때문에 강한 거야."

그야말로 자신이 가진 약점을 가장 큰 강점으로 바꿔 생각할 줄 알았다. 이것이 의미전환의 묘미이다.

언뜻 보기에 거슬리는 부하직원의 행동이나 자신의 비즈니
스상의 단점 속에서도 희망의 코드를 읽어낼 줄 아는 사람이
결국에는 강자라는 점을 반드시 깨닫길 바란다.

One **P**oint **L**esson

모든 사건을 마치 액자를 바꾸듯 신선한 눈으로 다시 바라본다면
약점이나 불리한 상황, 그리고 단점까지도 강점으로 바꿀 수 있다.

'동의 중의 동의'로
클레임을 타파하자

Question & Answer

Q : 친구와 회사를 세운 지 5년째가 됐고 사업도 서서히 커지고 있습니다. 그런데 가끔 클레임이 들어올 때가 있는데, 저는 연수다운 연수 한 번 못 받아보고 이런 자리에 서게 된 터라 어떻게 해야 할지 잘 모르겠습니다. 직원들한테 클레임에 응대하는 법을 지도할 때 어떤 점을 강조하면 좋을까요?

A : 클레임이 생기지 않도록 하는 것이 우선되어야 하겠지만 효과적으로 클레임에 대처하는 방법도 알아야 합니다.

숙녀복 판매부서에서 일했을 때, 한 번은 열흘이나 전에 구입한 데다 화장품까지 묻은 원피스를 가져와서는 "졸업파티 때 입었는데 반응이 안 좋았어요. 엄마가 더 비싼 걸 사면 문제가 없을 거라고 해서 반품하려고 왔는데 왜 안 된다는 거예요?"라고 말하는 손님이 있었다.

암묵적으로 여성고객의 클레임에는 남자직원이 응대하도록 되어 있었다. 확실히 이성이 나오면 고객들은 조심스럽게 말을 한다. 하지만 보통 그 정도로는 해결되지 않는 게 클레임이다.

그런데 본사에서 나온 파견사원들 중에는 클레임을 기가 막힐 정도로 잘 처리하고 급기야는 상대를 단골로까지 만드는 판매의 달인들이 있었다. 지금에 와서 생각해보니 그 사람들은 카운슬링 기법인 '효과적인 동의법'을 무의식적으로 쓰고 있던 것이었다. 나는 이를 '더 동의'라고 이름 지었다.

먼저 의미부터 설명하면 '더'는 'The'로 '동의 중의 동의!'라는 의미를 포함하여 만든 조어이다. 그 참뜻은 무엇일까?

부정적인 말이라도 우선은 처음부터 끝까지 상대의 말을 자르지 않고 듣는(그냥 듣는 것에 그치는 것이 아니라 '경청') 방법이다. 하지만 경청만 하고 있으면 기가 죽은 것처럼 보이거나 무관심한 척하는 것으로 보일 수 있다. 그러니 들을 때 열심히 뭔가를 찾아야 한다. 그렇다면 뭘 찾아야 할까? 그건 상대의 이야기 속에서 자신이 진심으로 동의할 수 있는 내용이다.

● The 동의

클레임은
네
○○○
하니까
○○○
하잖아요
△△
했었다
니까요
꽉꽉
찾았다
아니
가게 안도
시끄러
웠고
오로지 듣기
꽉꽉
투덜투덜
들으면서
정말로
그러셨
겠네요
찾자!
진심으로 동의할 수 있는 것을
진심으로 동의
맞습니다!
소란
스러웠던 점
사과드립니다
다양한
상황에서
쓸 수 있어요
"약속이 지켜지지 않았어!"
"맞아. 지켜지지 않았어"
"오늘은 9시에 들어온다고 했잖아!"
"그랬었지? 벌써 10시 반이네"
먼저 동의부터 하고 나서 다음에 이야기해요!

204

물론 "상대방이 무조건 억지를 부리고 있는데 그런 게 어디 있어?"라고 말하고 싶은 당신의 굴뚝같은 마음은 충분히 이해한다. 하지만 그런 생각의 결과는 끝이 안 나는 싸움이 되고 만다. 그렇다면 거짓이나 겉으로만 동의해서는 안 된다. 마음이 전달되지 않을 테니까 말이다.

즉 어떻게든 열심히 찾으면 적어도 한 가지는 "그건 당신 말이 맞아요"라고 동의할 수 있는 것을 찾게 된다. 그걸 먼저 "맞아요"라고 진심으로 동의를 한 다음 자신이 하고자 하는 말을 하면 클레임의 수습이 빨라진다.

좀 전에 말했던 손님에게 판매의 달인은 "네. 이건 틀림없이 저희 매장에서 제가 권해드렸던 것이 맞습니다. 그리고 그때 반품 기한을 명확히 말씀드리지 않았고요. 그 점은 정말 죄송합니다. 그러나 저희 매장에서는 일주일이 지난 상품은 반품을 받을 수가 없습니다"라고 의연하게 말했다. 그러자 결코 끝나지 않을 것 같았던 입씨름은 어느새 끝이 났다.

직장 내에서 일어나는 부하직원의 클레임에서도 같은 방법을 사용하면 효과적이다.

"시키면 시키는 대로 할 것이지~ 웬 말이 그렇게 많아!"

이렇게 말하면 문제는 절대 해결되지 않는다. 오히려 점점 문제가 커지기만 할 것이다. 부하직원의 클레임에서 클레임을 걸 만한 (동의할 만한) 것을 찾아보자. 그리고 상대를 공격하지도 그렇다고 아부하지도 말고 진심으로 동의한 그 사항에 대해 정확히 전달하자.

"자네가 불만으로 생각하는 것을 이해해. 나라도 야근은 싫겠어. 하지만 조금만 고생하면 곧 상황이 좋아질 거야."

어떤 상황에서도 이런 자세만 갖는다면 싸움으로 번지지 않을 것이다.

One **P**oint **L**esson

상대의 클레임에 귀를 기울여 동의할 수 있는 것을 먼저 찾는 '더 동의'를 써보자.

미래로 가볼까?

Question & Answer

Q : 월말까지 처리해야 할 일이 산더미 같습니다. 어디서부터 손을 대야 좋을지 모르겠습니다. 메모를 하면 좋다고는 하는데 메모할 것이 많으니 그것도 잘 안 됩니다.

A : 작은 것도 먼저 메모부터 하고 하나하나 끝날 때마다 펜으로 지워가면 그 줄어드는 양을 보면서 완성했다는 뿌듯함을 느낄 수 있습니다.

　　쓰는 것에 서툰 사람들에게는 '미래 선행체험(퓨쳐 페이싱 *Future Pacing*)'를 권한다. 이것은 미래의 자신과 마주대할 수 있는 즐거운 방법이다. 또 '이제부터는 어떻게 될까?', '미래에는 어떻게 달라질까?'를 중요하게 여기고 항상 체크하는 과정이다.

　　이것은 실제로 몸을 이동시키는 수고(현재 위치에서 몇 발자국 떨어진 곳으로)와 약간의 유머정신만 있으면 충분하다. 직접 경험해보면 의외로 새로운 아이디어가 번쩍 하고 떠오르며 동기 부여도 된다. 이 연습에서 유의할 점은 '빠져드는 것'

● 미래라고 가정하자

208

이다. 전문용어로는 '몰두(어소시에이트*Associate*)'라고 하는데 그런 기분을 경험하는 것이 중요하다. 몰두의 반대를 '관망(디소시에이트*Dissociate*)'이라고 한다.

흔히 우리들은 '그게 그렇게 쉬운가?', '사람들이 이상하게 생각하지 않을까?'라며 금방 비관적이 돼서 몰두를 거부할 때가 많다. 그러면 새로운 미래의 가능성을 열 수 없다. 그래서 이 '미래 선행체험'에는 약간의 연출이 필요하다.

예를 들어 현실은 앞으로 처리해야 할 과제가 산더미처럼 쌓여 있지만 생각은 벌써 연말로 가서 성과를 확실하게 달성한

◉ 미래에서 찾아보자

후라고 가정하는 것이다. 혹은 미래의 시간인 연말로 가서 동료와 이야기를 나누는 것이다. 처음에는 가볍게 "아니 추운데 웬 반소매야?"라는 식으로 말이다.

'미래 선행체험'에서 지금은 연말이다. 가을 전시회와 대형 판촉도 잘 끝냈고 크리스마스도 지났고 목표 예산은 달성했고 내일은 신나는 망년회다. 모든 목표를 달성했다는 전제 하에 이야기를 하거나 들으면서 망년회에 있다는 생각으로 빠져들면 된다. 모두 현재형이나 과거형으로 이야기하도록 한다.

"아르바이트였던 ○○씨가 결국 해냈어. 봄에 입사했을 때는 제대로 하겠나 싶어 걱정이었는데, ○○씨가 전시회 준비를 꼼꼼하게 해줘서 무사히 잘 끝났어"라는 식으로 말한다.

이 이야기를 들은 사람은 "그래? 대체 어떻게 했는데?", "그렇게 할 수 있게 키운 게 대체 누구야?"라며 맞장구도 치고 질문도 해보자.

단 주의해야 할 것은 듣는 사람(혼자 할 경우, 자기 자신)이 상대를 깎아내려서는 안 된다. 또 말하는 사람은 미래에 이미 도달해 '그것을 달성했다'는 전제 하에 이야기해야 한다. 그렇게 하면 말한 사람은 자연스럽게 스스로 필요한 것을 가지고 다시 현실로 돌아와 도전할 수 있게 된다.

"그 다루기 힘든 아르바이트생들이 잘해주었다고 말해버렸네? 그렇지. 상품지식을 조금 더 가르쳐줘야겠어."

"잡지에 실렸다고 말했지만 전혀 그런 노력을 하지 않았어."

210

때로는 미래로 가는 타임머신을 통해 새로운 행동지표를 찾게 될 것이다.

One **P**oint **L**esson

미래에 이미 도달했다고 가정하는 '미래 선행체험'으로 새로운 가능성을 찾아보자. 여기서 중요한 것은 결코 상대를 깎아내리지 않는 것이다.

SECTION 4

부하직원의 능력을
키워주는 코칭

속에 **감춰둔** 감정

Question & Answer

Q : 아무리 말해도 소용이 없는 부하가 있습니다. 예를 들어 출장 준비를 여유 있게 하라고 하면 출발 직전에 티켓을 알아보고 자료 준비를 합니다. 무슨 생각을 하고 있는 걸까요?

A : 이럴 때는 대부분 '더 이상 못 참아! 오늘은 따끔하게 말해주지!' 라고 화를 내게 됩니다. 그리고 질문하신 분도 그렇게 했음에도 나아지는 게 없어 '대체 왜 그런 거지?' 라고 생각하는 건 아닌가요?

이런 일은 상사인 당신의 말이 부하직원에게 제대로 전달되지 않았을 때 일어난다. '인간 심리'의 중요한 부분을 이해하지 못했기 때문에 부하직원의 마음까지 전달되지 않는 것이다.

'화'라는 것은 2차적인 감정이다. '2차적'이라는 것은 '1차적인 감정'이 있다는 이야기이다. 즉 화라는 감정이 생겨나기 직전의 마음속을 들여다 보면 반드시 다른 감정이 있기 마련이다. 따라서 그 감정을 전하는 것이 훨씬 효과적이다. 그 감정은 대부분의 경우 불안이나 외로움, 슬픔, 유감 등이다.

이번 질문의 경우를 예를 들어보면

"출장 준비는 일찌감치 해두라고 지난번에 말했잖아? 그걸 잊어버리다니 내 말을 흘려 들은 것 같아 유감인 걸~"

※ 화가 나기 전에는 다른 감정이 있습니다

이라고 말해야 할 것을 화난 감정을 그대로 드러내

"왜 준비가 안 돼 있는 거야? 지난 번 출장 때 말했잖아! 내 말을 어디로 듣는 거야? 자네는 항상 이런 식이라니까!"라고 말하곤 한다.

이것을 '부정적인 스트로크'라고 하는데 인간에게 있어서 모든 '불래의 자극'을 말한다. 이해하기 쉽게 '디스카운트'라고도 한다. 문자 그대로 상대를 깎아내리는 커뮤니케이션이라는 뜻이다. 처음에는 상대방의 행동에 화를 내고 그 다음에는 "항상 자네는…"이라는 식으로 일반화해 상대방의 인격 자체를 무의식적으로 깎아내리는 것이다.

● 말을 곧이곧대로 받아들이지 말자

미국의 한 간호학교 수업에 사용된 기록영상에 디스카운트인 부모 밑에서 자란 유아의 발육에는 이상이 많다고 한다. 화를 그대로 표현하면 언어폭력이 되어 상대방에게 정신적으로나 신체적으로 상처를 주게 된다. 타인을 비판하거나 나무라고 싶을 때는 상식이나 정론을 내세우기 전에 잠시 이 이야기를 떠올려보기 바란다.

희로애락이라는 말처럼 인간이 화내고 웃는 그것 자체는 괜찮다. 화 자체는 나쁜 것이 아니란 말이다. 오히려 참고 쌓아두면 그것이 스트레스가 될 테니까! 그러나 이를 그대로 표출하면 유치하고 세련되지 못한 감정이 되기 쉽다. 그러니 그 이전의 감정을 파악해 전달하도록 하자. 당신이 이런 인간심리의 구조를 아는 인간미 넘치는 리더가 되어 앞으로 직장에 새로운 바람을 불어넣으리라고 확신한다.

One **P**oint **L**esson

화는 2차적인 감정이다. 화를 느끼기 전의 1차적인 감정을 파악해 솔직하게 전달하면 상대방을 깎아내리는 일이 없을 것이다.

"코칭은 무슨…" 이라고
말씀하신 CEO에게

Question & Answer

Q : 요즘 '코칭'이란 말을 자주 듣습니다. 우리 회사에서도 이를 도입하기 위해 한 부장한테 준비를 부탁했습니다. 그런데 처음에는 전문용어만 쭉 늘어놓더니 나중에는 사람들을 타입별로 나누더군요. 사내에서 그 부장에 대한 불평이 나오면서 코칭에 대해 다들 회의적이 됐습니다.

A : 프롤로그에서도 언급했듯이 코칭의 도입이나 커뮤니케이션 연수에 대해 아직 많은 오해가 있는 것 같습니다.

우선 주의해야 할 것이 전문용어나 외래어이다. 이 두 가지가 자주 나오면 그 뜻을 잘 모르는 사람들에게는 스트레스로 작용한다. 예를 들어 눈앞에서 의기양양한 얼굴로 공을 튕기면서 "볼 드리블은 참 재미있어"라고 하면 누가 좋아할까? 솔직히 나 역시 외래어에 친숙하지 않다. 다만 NLP가 미국에서 들어온 것이기 때문에 이것을 배울 때 공부한 것이 내 영어 실력의 전부이다.

한 연수 참가자로부터 "최근에는 코칭이다 뭐다 해서 외래어가 너무 많이 나오는데 이런 게 원래 없던 건가요?"라는 질문을 받은 적이 있다. 허를 찔렸다는 생각에 순간 움찔했다. 외국에서 들어온 이론을 가르친다는 생각에 우쭐했던 것도

사실이었다. 그 후에 나는 자료를 찾게 되었는데 몇 백 년 전에 남아 있던 이런 글귀가 찾게 되었다.

"행동으로 보여주고 말로 들려주고 시켜보고 칭찬하지 않으면 사람들은 움직이지 않는다."

옛날에도 자율성을 강조하여 사람을 키워야 한다는 것을 깨달은 인물이 있었던 것이다. 그렇다. 완력으로는 아무것도 되지 않는다는 것은 모두 알고 있다. 어쩌면 코칭은 새로운 기술이 아니라 오랜 전통에 뿌리를 둔 것이라고 생각한다.

한 보험회사의 이야기를 살펴보자. 이 회사에서는 여름에

● 직접 해보면 다양한 효과가 있다

맨발로 출근하는 여성 설계사들이 늘어 주의를 주었지만 개선되지 않았다. 그래서 관리직 사원들이 골머리를 앓고 있었다. 그래서 우리가 코칭 연수의 일환으로 사원들이 직접 '사내 복장 매뉴얼'을 만들도록 했다. 여성 설계사들은 맨발이 문제가 된다는 것을 직접 매뉴얼에 넣고 나서야 규제되었다. 곧 맨발 문제는 별 다른 어려움 없이 해결됐다.

모 화장품 회사에서는 판매원 각자가 백화점 등에 직접 가서 따라하고 싶은 미용 스태프를 골라, 그들의 접객 기술을 살펴보고 이를 토대로 정말로 자신들이 활용할 수 있는 '판매원 매뉴얼'을 만들도록 하였다.

그러니 "코칭은 무슨…"이라고 삐딱한 시선으로 보지 말고 사내 직원들의 가능성을 충분히 발휘시킬 수 있는 코칭을 하루라도 빨리 시작하도록 하자.

One **P**oint **L**esson

"행동으로 보여주고 말로 들려주고 시켜보고 칭찬하지 않으면 사람들은 움직이지 않는다"는 말을 잊지 않길 바란다.

카운슬링과 코칭의
차이점과 공통점

Question & Answer

Q : 카운슬링과 코칭은 어떻게 다릅니까? 사내에 코칭 연수는 도입됐습니다. 그래서 부하직원의 이야기를 코칭 마인드로 들으려고 노력하고 있습니다. 그런데 어디까지가 코칭이고 어디까지가 카운슬링인지 판단이 안 설 때가 있습니다.

A : 요즘 코칭에 관한 키워드가 뜨면서 이런 질문을 하는 사람이 많습니다.

현장에서 코칭을 가르치는 한 강사가 나에게 이런 고백을
한 적이 있다.

"매스컴에서 취재를 왔는데 코칭과 카운슬링의 차이를 제 입
으로 설명하려니까 갑자기 뭐가 뭔지 잘 모르겠더라고요."

세상에…. 이런 차이도 모르면서 이 분야의 일을 하고 있다
는 것에 난 내심 놀랐다. 하지만 뒤집어 생각하면 현장 강사들
조차 잘 모르는 것이 이 둘의 차이라고 할 수 있다.

나는 보통 뭔가의 차이점을 찾을 때 공통점부터 찾는 경향이
있다. 그러다 보면 둘 사이의 차이점이 눈에 띄기 시작한다.

그럼 코칭과 카운슬링의 공통점은 무엇일까? 두 가지 모두

● 상대를 이해하는 데 도움이 되는 기술이다

상대를 이해하려는 자세에서 시작된다는 것이다. 또한 상대를 제대로 이해하기 위해 상대방의 이야기를 '듣는 것(경청)'을 가장 중요한 기본으로 삼고 있다는 것 또한 공통점이다.

들은 내용을 이해한다고 할 때 그것은 상대의 기분이나 그 사람이 처해있는 상황을 말한다. 그런 것들을 파악하기 위해서는 기술이 필요한데 여기에는 네 가지가 있다.

① 말 맞추기(맞장구, 되묻기 등)

② 호흡 맞추기

③ 질문하기

④ 행동 맞추기

● 카운슬링

● 코칭

첫 번째 말 맞추기는 앞에서 살펴보았다. 두 번째 호흡 맞추기는 호흡이나 동작, 음조 등을 상대방과 맞추는 것을 말한다. 세 번째 질문하기 역시 다양한 방법이 있음을 계속해서 언급하고 있다. 마지막 행동 맞추기는 마치 거울을 보듯이 상대방의 행동을 그대로 따라하는 기법이다. 이것을 통해 사람과 사람의 마음을 연결시킬 수 있다.

그럼 둘의 차이점은 뭘까? 간단하게 말해서 카운슬링은 '상대를 이해하고 상대의 마음을 치유하는 것', 조금 더 쉽게 말하면 '후련하게 만드는 것'이다. 반대로 코칭은 '상대를 이해하고 일의 목표를 설정하며 인도하는 것'이다.

코칭의 기술을 제대로 활용해 회의를 했거나 부하직원의 이야기를 들어준다면, 부하직원은 자신이 해야 할 일이 무엇인지 확실히 깨닫게 된다. 그리하여 코칭은 상대가 의욕을 갖도록 도와준다.

이를 혼동하면 부하는 코칭이라고 생각하고 있는데 상사는 상대가 후련해하는 것 같다고 생각하여 중지해버리면 문제가 된다. 업무상 중요한 일에 대한 고민이라면 목표가 달성될 때까지 의욕을 불어넣어줘야 한다. 즉 시기가 조금 미뤄질 수 있다.

반대로 부하직원은 편안한 마음으로 상의를 했는데 본격적인 코칭으로 들어가 규칙 설정이나 액션 플랜까지 다 짜버리면 단추가 잘못 끼워지듯 뭔가 어긋나는 상황이 계속될 수도 있다. 특히 업무상에서 일어나는 문제에 대한 고민을 털어

226

놓았을 때는 "이야기를 하고 나니 후련하다"며 좋아하는 정도로 끝나버리면 사실 곤란하다. 현장에서는 카운슬링의 수준을 넘어 구체적인 목표, 액션 플랜과 그 진척상황 체크 등 코칭까지 추진해가는 것이 앞으로 상사어게 필수적으로 요구되는 일이다.

One **P**oint **L**esson

카운슬링과 코칭의 공통점은 상대를 이해하려고 노력하는 것이다. 차이점은 전자는 상대방의 이야기를 듣고 치유해주는 것, 후자는 성과를 위해 계획이나 목표를 세우고 이끌어주는 것이다.

묵묵히 이야기를
들어주세요

Question & Answer

Q : 제 상사는 "뭐든 말해봐. 내가 다 들어줄 테니까", "내가 자네 이야기를 잘 들어주지?"라고 말합니다. 그런데 정말로 그렇다는 느낌은 안 드는데… 어떻게 해야 하죠?

A : '나는 충분히 다른 사람들의 이야기를 듣고 있다'는 생각은 그 이상 들을 가능성이 없다는 말도 됩니다.

　이 책을 읽고 있는 당신은 얼마나 다른 사람들의 이야기에 귀 기울이는가? 항상 스스로 질문해보자. 이런 습관이 부하와 당신 사이에 있는 마음의 거리를 좁혀줄 것이다.

　누군가의 말을 들으면 분명히 고막은 진동한다. 하지만 고막이 진동한다고 해서 상대방의 이야기를 제대로 듣고 있다고는 할 수 없다. 공개강좌나 연수에서 둘씩 짝을 짓게 한 다음 '상대방이 자기소개를 할 때는 묵묵히 들으라' 는 지시를 할 때가 있다. 대부분 쉬울 것이라고 생각한다. 하지만 한 마디도 안 하고 누군가의 말을 듣기란 생각처럼 쉬운 일이 아니다.

　"맞아요", "네, 네~"라는 정도의 말은 해도 괜찮을 것이라

※ **의식적으로 타인의 이야기를 듣자**

고 생각하는 사람들이 있으면 중간에 다시 한번 주의를 준다. 하지만 그렇게 주의를 줘도 대부분의 성인들은 그 지시를 제대로 따르지 못한다. 과연 왜 그런 걸까?

사람들이 마주보며 이야기하는 장면을 상상해보자.

"이야기를 하는 사람을 화자라고 하죠? 그럼 상대방은요?"

내가 물으면 사람들은 바로 "청자"라고 답한다.

일단 질문의 답이 '청자'가 맞기는 한데 과연 정말 그럴까? 우리들은 속으로 '이 사람 이야기가 끝나면 무슨 이야기를 하지?'라는 생각을 끊임없이 하면서 듣는 척만 하고 있는 건지도 모른다. 그래서 화자의 이야기가 끝나기가 무섭게 자신이 생각해둔 이야기나 의견을 말하고 있지는 않은가?

* 다른 사람이 자기소개 할 때 제대로 듣고 있는가?

230

그렇게 다시 청자의 입장으로 돌아오면 또 속으로 자신이 할 이야기를 생각하고…. 이렇게 우리는 늘 속으로 로켓 발사 준비와 같은 자세를 취하고 있다.

나는 자기소개를 끝나면 짓궂게 사람들에게 이렇게 말한다.

"그럼 이번에는 모든 사람들 앞에서 자기소개가 아닌, 파트너를 사람들에게 소개하는 타인소개를 해보도록 하죠."

그렇게 말하면 모두들 상당히 당황해한다. 그제야 제대로 듣고 있지 않았다는 사실을 깨닫게 된다. 그럼 그때 다시 한번 자기소개를 할 시간을 주는데 처음과는 전혀 다르게 목을 쭉 빼고 열심히 듣는다. 이런 시간을 통해 자신들의 듣는 태도가 잘못됐었다는 것을 깨닫는 사람들이 많다.

요즘 듣는 것의 중요성에 대해 많이들 이야기하는데 '난 이렇게 안 듣고 있었구나'라고 솔직하게 받아들이는 것이야말로 '제대로 듣기'의 시작이라는 것을 명심하자.

One **P**oint **L**esson

'나는 아무래도 다른 사람들 이야기를 잘 안 듣고 있는 것 같다'고 깨닫게 됐을 때 비로소 당신은 부하의 이야기를 제대로 듣게 된다.

"그럼 말씀드리겠습니다"라고 만들기

Q : 부하들한테는 평소에 "할 말이 있으면 뭐든지 해. 다 들어 줄 테니까"라고 말하는데 부하는 아무 이야기도 안 합니다. 요즘 젊은 사람들은 다 그런 건지 아니면 저한테 문제가 있는 건지 모르겠습니다.

A : 의견을 말하지 않거나 제안을 하지 않는 이유를 요즘 젊은 사람들의 성향 탓으로 돌리는 것은 좋지 않은 것 같습니다. 누구든 '요즘 사람들은 다 저렇다니까'라는 식으로 도매금으로 취급당하는 것은 좋아하지 않으니까요.

우선 중요한 것은 당신이 정말 부하직원의 말에 귀를 기울이려고 했는지 파악하는 일이다. '부하의 이야기를 들어주는 상사가 좋은 상사다' 라는 생각만 가지고 의도적으로 그렇게 말하고 있다면, 상대는 당신의 의도를 알아차리고 막상 중요한 이야기는 하려고 들지 않을 것이다.

인간도 역시 동물이라 동물적인 감각으로 정말로 들어줄 사람이나 상황이 아니라고 생각되면 진정 하고 싶은 이야기를 하려고 하지 않는다.

내가 기획한 연수에 지방의 모 호텔 주방장이 참석한 적이 있다. 연수에서 그 분은 '귀를 기울여 이야기를 듣는 것' 의 중요함을 통감하고, 직장으로 돌아가 바로 부하와 아르바이트

● 인간은 타인의 본심을 감각적으로 느낀다

하는 사람 등 많은 스태프들의 이야기를 듣기 위해 면담 스케줄을 잡았다. 한 사람 당 20분 정도였지만 일하는 중간 중간 짬을 내서 하느라 3일 정도 소요됐다. 그런데도 불구하고 아무런 성과도 거둘 수 없었다.

"정말 잘해주시는 것 같습니다", "불만 없습니다" 등 상투적인 말들만 늘어놓았다. 그 주방장은 예전 같으면 그 정도로 만족했겠지만, 연수를 받으면서 그 사람들의 입에서 나오는 말뿐 아니라 거기서 느껴지는 분위기까지 알아차려야 한다고 배웠기 때문에 이 정도로 만족해서는 안 된다고 생각했다. 그 후 주방장은 다시 면담 스케줄을 잡고 인사 문제에는 반영하지 않을 테니 평소 느낀 점을 편하게 말해달라고 부탁했다.

그랬더니 "그럼 정말 말씀 드려도 될까요?"라고 말하더라는 것이다. 주방장은 부하직원이 "그럼…"이라고 말하는데 덜컥 겁이 났다고 한다. 하지만 뒤로 물러설 수 없었던 그는 떨리는 가슴을 진정시키며 뭐든 다 말해보라고 했다.

그는 "좀더 이탈리아식 요소를 더 가미시켜야 합니다"라든가 "전문지를 좀더 구해야 하지 않을까요?"라는 의견을 말했다. 그 직원뿐만 아니라 다른 사람들에게도 이야기를 들을 수 있었는데 "주방장님이 그릇에 담는 스타일은 조금 유행이 지난 것 같습니다"라는 말부터, 나중에는 아르바이트를 하는 젊은 여성한테 "머리 스타일이 세련되지 못 한 것 같습니다"라든가 "포마드 냄새가 심합니다"라는 말까지 다양한 의견이 나와

눈이 동그래졌다고 한다.

심지어 등에서는 지금까지 흘려보지 못한 식은땀까지 흘렀다. 직원들로부터 이야기를 듣는 동안 그의 몸속에서는 많은 변화가 일어났던 것이다.

그는 마지막까지 다 듣지 못하고 거기서 도망치고 싶었다고 했다. 하지만 잘 참아낸 자신이 정말 자랑스러웠고 이 직장에서 내가 잘 해나갈 수 있다는 자신감이 생겼다고 말했다.

당신도 직장 내에서 변화를 일으키기 위해 "그럼 말씀드리겠습니다"라는 상황을 만들기 바란다. 그러기 위해서는 작정

● 본심은 전해진다

하고 1년에 한 번 정도는 면담주간을 마련할 정도의 각오가
필요하다. 거기에는 분명 회사나 당신을 성장시켜줄 커다란
보석이 그득할 것이다.

One **P**oint **L**esson

상투적으로 "들어줄게"라고 말만 하지 말고 끝까지 들어줄 상황을
만들어줘야 사람들은 그제야 "그럼 말씀드리겠습니다"라고 말하기
시작한다. 그때가 비로소 회사나 당신이 귀중한 의견이나 제안을
들을 수 있는 때다.

어른이지만
이름으로 불리고 싶다!

Q : 얼마 전 상사가 내 이름을 잘못 불러서 조금 충격을 받았습니다. 별일 아닐지 모르지만 제가 입사한 지 벌써 3년째입니다. 상사에게 저는 그 정도밖에 안 되는 존재였던 걸까요?

A : '스트로크'라는 카운슬링 용어가 있습니다. 특히 '그 사람의 존재를 인정하는 일련의 행위'를 '긍정적인 스트로크'라고 합니다. 상사분이 이런 것을 간과하고 있네요.

스트로크에는 여러 레벨이 있는데 '이름을 부른 다음 이야기하기'는 가장 낮은 수준의 스트로크이다. 이것은 좋은 인간관계를 만드는 기본이 된다.

자, 그럼 다음 질문을 직접 해보고 어떤 차이가 있는지 생각해보자.

"이 신상품을 어떻게 생각합니까?"

"○○씨는 이 신상품을 어떻게 생각합니까?"

미묘한 차이가 있다. 이름을 부른 다음 질문을 하면 찡한 것이 뭔가 기분이 달라지는 느낌이 들지 않는가?

부하직원과 이야기를 하다가 뭔가 일방적으로 흐르고 있다는

● 이름을 부르고 계십니까?

느낌이 들면 이름을 한 번 부르고 난 뒤 질문만 해도 달라진다. 무엇보다 회의 때는 졸음방지도 된다.

여러 회사를 돌아다니다 보면 활기찬 회사들은 100퍼센트라고 해도 좋을 정도로 경영자나 상사가 직원의 이름을 자주 부른다. 인사도 "좋은 아침"이라고 말하기 전에 "○○씨, 좋은 아침!"이라고 한다. 그런 활기는 결국 높은 매출로 이어진다.

간단히 할 수 있는 스트로크는 또 있다. 조례나 아침에 한 마디 할 때 직원의 생일을 챙겨주는 것이다. 사람들은 이런 유치해보이는 일 하나에도 자신의 존재를 인정받았다는 생각에 기뻐한다. 물론 선물을 줄 필요는 없다. 그저 "생일 축하해.

◈ **일단은 해보자!!**

오늘 생일이니까 더 잘해보자고!"라고 말하면 된다. 수고스럽더라도 직원의 생일을 표시해두는 수첩을 준비하는 것은 이를 위해 필요하다.

유명 속옷 브랜드인 후쿠스케의 재건을 성공시킨 대표가 TV에 출연한 적이 있었는데, 이 분도 이름을 먼저 부른 다음 인사를 하거나 지시를 내렸다. 그리고 생일을 맞은 사원한테는 직접 가서 다른 동료들도 다 들을 수 있도록 큰 소리로 축하해주는 모습이 여러 번 방송됐다. 그 모습을 지켜보는 다른 사람들 대부분 그것은 단지 테크닉에 불과하다고 말한다. 그럼 나는 당당히 말한다.

"맞아요. 테크닉입니다. 당신이 부하와 좋은 관계를 갖고 싶다면 때로는 테크닉도 필요하지 않을까요? 아무 상관없는 사람이라면 모르지만 당신이 부하를 소중히 생각한다면 그냥 한번 해보세요!"

One **P**oint **L**esson

그 사람의 존재를 인정하는 일련의 행동을 '스트로크'라고 한다. 우선 가장 낮은 수준의 스트로크는 이름을 부르고 나서 커뮤니케이션을 시작하는 것이다. 생일을 기억하는 것도 그 중 한 방법이다.

"우리"라는 말의 힘

Question & **A**nswer

Q : 저는 입사 10년차로 제 밑으로 부하직원이 많이 생겼습니다. 그러다 보니 담당 거래처와의 미팅을 지원하거나 때로는 대신 사죄해야 하는 일이 많아져서 짜증이 납니다.

A : "저는 잘하고 있는데 ○○가 제 발목을 잡아요"라고 말하고 싶을 때가 있습니다. 그런데 영어에 '어카운터빌리티'라는 말이 있습니다. '이것은 자신이 선택한 것이라고 인정하다'라는 뜻입니다. 즉 '부하는 회사가 임의대로 붙여 주는 것이지 스스로 선택할 수 있는 것이 아니다'가 아니라 '이 회사를 선택한 것은 나니까 결국 부하도 내가 선택한 것'이라고 받아들여야 한다는 것입니다.

서양의 석교 장인들은 어카운터빌리티*accountability*를 인생의 '키스톤*keystone*'이라고 불렀다고 한다. 키스톤은 고대 건축물에서 아치 형태의 돌을 쌓을 때 마지막으로 끼워 넣는 마감돌을 의미한다. 키스톤이 튼튼하지 않으면 다리가 붕괴된다. 마찬가지로 인생의 키스톤인 어카운터빌리티, 즉 '내가 선택한 것'이라는 생각을 갖지 않으면 무슨 공부를 하든 어떤 자격을 취득하든 우리의 인생이 근본부터 무너질 것이다. 그러므로 앞의 상담자처럼 부하직원과 자신을 떼어서 생각하는 고정관념을 버리고 어카운터빌리티를 몸에 익힐 필요가 있다.

※ 어카운터빌리티는 인생의 키스톤

TV 뉴스에서 유럽의 한 오래 된 자동차 회사를 1년 동안 취재해 소개한 적이 있었다. 이 업체는 매출이 악화돼 유명한 컨설팅 회사의 도움을 받았다. 여러 가지 제안이 있었는데 그 중에 회의 때 '우리들은~' 이라는 말로 이야기하는 시간을 최소한 10분 마련하라는 것이 있었다. 이는 어카운터빌리티를 촉진시키는 대화법이다.

예를 들어 매출이 나빠지면 영업 쪽에서는 "기획부에서 저렇게 디자인을 이상하게 하니까 영업부가 고생을 하는 거야"라고 말하기 쉽다. 이럴 때 일부러 "우리가 팔리지 않는 차를 디자인했습니다"라고 말해보란 것이다. 물론 영업부는 차 디자인에는 전혀 관여를 하지 않기 때문에 속으로 '어?! 이건 좀 이상한데' 라는 생각이 들 것이다. 일부러라도 이렇게 소리 내서 말을 하고 나면 좀더 생각을 발전시킬 수 있다.

"음, 영업부에서는 기획에 전혀 관여하지 않지? 우리 영업부는 영업일지를 쓰지만 그걸 기획부 사람들은 읽지 못하니까. 기획부 사람들이 우리 영업일지를 읽으면 도움이 될 텐데. 이참에 다른 부서 사람들도 볼 수 있도록 이해하기 쉽게 게시판을 만들어볼까?" 기획부도 마찬가지로 기획을 할 때 "우리는~"으로 이야기를 해보는 것이다.

이런 방법으로 이 자동차 회사는 컨설팅 회사가 자체적으로 세운 계획을 무리하게 밀어붙이지 않고 자연스럽게 자신들의 새로운 시각과 액션 플랜을 만들어갔다.

◦ 우리는 ○○입니다

오늘의 회의 규칙!
의견을 말할 때 '우리'로 시작할 것!
그래
우리가 선택한 선택한… 선택…
음…
우리는 신점포를 잘 운영하지 못했어
그 사람들이!
우리 의견을 무시했어
네
우리가 과감하게 입고품목에서 제외시켰으니까요
어?
벌금 내세요
천 원
맞아 우리가 선택한 물건이 고객층에 맞지 않았어
맞아 맞아
다른 부서와 하는 일이라도
좀더
'우리'라고 말하는 노력이 필요해요

244

부하직원의 실수에 화를 내거나 답답해할 게 아니라 당신이 선택한 일이라는 걸 명심하길 바란다. 그리하여 "우리는 ~라는 실수를 범했습니다", "우리는 이달 매출을 올리지 못했습니다" 등 '우리'라는 말을 사용하여 이야기하자.

One Point Lesson

'이건 내가 선택한 것이 아니야'라는 생각에서 벗어나지 못 한다면 팀워크는 무너지고 만다. '우리'라는 말로 이야기를 시작하면서 깨닫는 점이나 아이디어를 소중히 다루자.

질문과 재촉에
능통한 상사

Question & Answer

Q : 상사는 말을 많이 거는데 그때마다 대답하기가 피곤합니다. 예를 들면 상사가 "오늘은 부장님 만났어?"라고 질문을 해서 제가 "아니오"라고 대답을 하면 바로 "그래. 그랬군. 그 사람은 약속을 잘 안 지킨다니까"라고 마음대로 결론을 내려버립니다.

A : 앞으로 상사가 될 사람은 질문의 기술에 대해 공부할 필요가 있습니다. 이것에 대해 조금 더 자세히 이야기를 해보도록 하죠.

　'질문'에는 학생들이 선생님한테 하는 질문이나 신문기자가 기자회견에서 하는 질문처럼 몰라서 하는 질문이 있다. 그리고 질문 받은 상대의 생각이 정리되도록 하거나 보다 깊은 수준의 대답을 할 수 있도록 유도하기 위한 질문도 있다. 당연히 이런 질문은 몰라서 하는 것이 아니다. 상대의 내면에 있는 생각을 명확히 해두기 위해 애써 묻는 것으로 상사가 부하에게 하는 질문은 대부분 여기에 해당된다.

　예를 들어 상사가 부하에게 "뭐가 부족해서 거래가 성사되지 못한 것 같아?"라고 묻는다면 그것은 부하가 이미 그것에 대해 고민하고 있다는 것을 알기 때문이다.

먼저 질문에는 두 종류가 있다는 것부터 알아두자.

'클로즈드 퀘스천*Closed Question*(이하 닫힌 질문)'과 '오픈 퀘스천*Opened Question*(이하 열린 질문)'이 있다. 닫힌 질문은 '예', '아니오'로 대답할 수 있는 질문이다.

상대방이 일단 '예', '아니오'로 바로 대답을 해주기 때문에 이야기가 활기를 띠지 못하거나 상대가 말 주변이 별로 없을 때는 닫힌 질문이 효과적이다. 단 이번의 경우처럼 부하는 스스로 생각해서 행동하려고 하는데 상사가 끝까지 이야기의 주도권을 잡고 놓지 않으려고 하면 부하직원의 불만은 당연히 커질 수밖에 없다.

한편 열린 질문은 '예', '아니오'로 간단히 대답할 수 없는 질문이다. 예를 들어 "A부장을 못 만난 건 뭐 때문이라고 생각

248

하나?"처럼 잠시 생각해야 대답할 수 있는 것이다. 그러니 갑자기 열린 질문부터 하지 말고 닫힌 질문으로 워밍업을 하는 것이 좋다. 물론 유능한 상사일수록 닫힌 질문과 열린 질문을 적절히 던지면서 가능성의 문을 열어가는 사람이다.

이 질문을 강력하게 뒷받침하는 것이 '재촉'의 접속사이다. 예를 들어 "제가 요즘 후배들을 잘 챙기지 못하는 것 같습니다"라고 고민을 털어놓으면 기계적으로 "작년에는 어땠던 것 같은가?"라는 식으로 바로 닫힌 질문으로 들어가지 말고, 먼저 "아, 그래?"라는 식으로 말하면서 상대가 안심할 수 있도록 한다. 이런 말에는 "그래?", "그랬군", "아~", "그랬나?" 등의 표현이 있다.

잠시 어린 시절 만들기 수업을 떠올려보자. 아무리 잘 만들어도 풀 붙일 곳이 부족하면 완성하기가 쉽지 않다. 재촉은 풀을 붙이는 것과 같다. 즉 질문과 재촉이 적절해야 대화에도 깊이가 생길 것이다.

One **P**oint **L**esson

질문에는 닫힌 질문과 열린 질문 두 종류가 있다. 상사가 적절하게 재촉과 질문을 활용하면 부하는 깊이 있는 사고를 할 수 있게 된다.

'수퍼바이즈'와 '매니지'
그리고 '코칭'

Question & Answer

Q : 나는 부하직원의 자율성을 존중하면서 지도하고 있다고 생각합니다. 그에 관해서만큼은 신경을 쓰고 있다고 자부하는데, 얼마 전 상사한테 "자네 부서는 왜 그렇게 이직률이 높아?"라는 말을 들었습니다.

A : 인사관리 측면에서의 '관리하다'라는 뜻의 영어 단어는 '수퍼바이즈'와 '매니지' 두 개가 있습니다.

'관리하다'라는 말도 각각 의미가 다르다. '수퍼바이즈 supervise'는 항상 체크하고 관리하는 것을 말한다. 즉 신입사원이나 아직 일이 익숙하지 않는 사람에게 필요하다. 한편 '매니지manage'는 상대가 어느 정도 숙련돼 있기 때문에 필요한 경우에만 체크하고 관리하는 것이다.

물론 부하직원을 수퍼바이즈와 매니지 두 종류로 구분할 필요는 없다. 하지만

'이 부하는 어느 정도 비율로 매니지를 해야 하나?'

'아직 이 일에 관해서는 잘 모르니까 수퍼바이즈해서 이달에는 이틀에 한 번은 퇴근하기 전에 보고를 받아야 되겠군.'

정도면 된다. 이러한 것을 모르면 다음과 같은 실수를 할 수 있다.

예를 들어 수퍼바이즈 단계로 관리해야 할 부하직원에게
"이 기획서는 자네 재량껏 자유롭게 만들어봐"라고 통째로
맡겨놓고 평소에는 들여다보지도 않다가, 막상 완성 직전에
가서 "뭐야? 기획서가 왜 이 모양이야? 이렇게 하면 어떡해?
이제 시간도 없는데!"라고 불호령을 내리는 경우이다. 꼭 부
하가 잘못하기를 기다렸다는 사람처럼 실수를 하지 않도록
미리 알려주는 것이 아니라 모른 척하고 있다가 나중에 실수
를 발견하면 월척이라도 낚은 양 소리치는 것이다.

여기서 화를 내는 것은 상사의 관리능력이 부족하기 때문이
다. 따라서 당신이 수퍼바이즈와 매니지라는 두 단어만 알고

있어도 부하직원 한 사람 한 사람과 마주할 때의 느낌이 상당히 달라지는 것을 깨닫게 된다.

여기서 잠깐, "기획서를 자유롭게 만들어봐" 에서의 '자유' 라는 말에 대해 조금 더 파고 들어가보자.

'자유' 라는 말은 듣기엔 좋다. 그리고 부하직원에게 "자유롭게 해" 라고 말하는 상사 중에는 내심 '난 정말 부하의 자율성을 존중하는 좋은 상사야' 라고 생각하는 사람도 있을 것이다. 그러나 방심은 금물이다!

아직 수퍼바이즈가 필요한 부하직원은 "자유롭게 해" 라는 말을 들으면 오히려 움츠러든다. 때로는 '상사한테 버림받았어' 라고 생각하는 경우도 있다. 말하는 사람은 '믿고 맡기는 거야' 라고 생각해도 그 기대와는 반대로 받아들일 수 있는 말이 바로 '자유' 이다.

반대로 매니지 정도로 관리하면 되는 부하직원에게 일일이 보고하도록 요구하거나 진행사항을 꼬치꼬치 캐묻는다면 그는 괴로워할 것이다. 즉 부하가 '자유' 라는 말을 듣고 더 의욕적으로 일한다면 이미 일에 익숙해져 있거나 상당히 적극적인 상태가 된 경우이다. 따라서 '자유' 라는 말은 부하직원의 일에 대한 숙련도를 잘 파악한 다음 적절하게 사용해야 한다.

당신은 부하 한 사람 한 사람에 맞춘 '맞춤형' 으로 관리하고 능력을 키워줘야 한다. 그것을 파악할 줄 알아야 진정으로 유능한 상사이다. 가끔 연수나 코칭 현장에서 꽤 획일적인 사고방식을 가진 상사를 만날 때가 있다. 혼자 획일적인 사고방식을 갖는 건 그리 큰 문제가 되지 않지만 그의 역할이 '상사' 일 때는 문제가 된다. 수많은 부하직원들이 그의 사고방식 때문에 어려움을 겪을 수 있다. 나는 당신이 부하직원을 탁월한 방법으로 관리하는 최고의 상사가 될 것을 믿는다.

One **P**oint **L**esson

부하를 키우기 위해 '관리한다' 는 뜻의 단어가 두 종류 있다는 것을 알아두자. 수퍼바이즈 = 꼼꼼한 관리와 체크, 매니지 = 숙련돼 있기 때문에 적절히 관리. 수퍼바이즈가 필요한 부하직원에게 "자유롭게 해"라는 말은 금물이다.

부하의 말에서
부각시킬 곳을 찾자

Q : 며칠 전 회의에서 "자신은 없지만 한번 해보겠습니다"라고 말했다가 나중에 상사한테 "사람이 왜 그렇게 진취적이지 못해"라는 주의를 들었습니다. 그런 의도는 아니었는데 말이죠.

A : 우리는 보통 상대방이 "자신이 없어"라고 불안한 마음을 표현하면 "열심히 해봐!"라고 격려를 하거나 "부정적인 생각은 버려!"라고 질타를 하곤 하지요.

상대방의 부정적인 감정을 듣는 것이 쉬운 일은 아니다. 그러나 일단은 잠자코 듣고 나서 맞장구를 쳐주자. 그런 다음 부각시켜야 할 곳에 초점을 맞춰서 이야기를 진행시키는 기술을 사용한다.

그럼 구체적으로 '자신은 없지만 한번 해보겠습니다"라는 말 속에서 부각시켜야 할 부분은 어디일까? 이런 말에는 두 가지 요소가 들어 있다. 하나는 '자신이 없다'는 불안감과 또 하나는 '그럼 한번 해보겠다'는 조금은 진취적인 생각이다.

이럴 때 상사가 할 일은 후자의 마음을 부각시켜 키워주는 것이다.

이야기의 서두에서는 부하직원이 불안해하고 걱정하는 마

음에 대해 "그래. 불안하기도 하겠지"라고 맞장구를 쳐주고, 그런 다음 이렇게 격려하는 것이다.

"그래도 포기하지 않고 해보려고 하는 게 자네의 장점이야"라든가 "하다가 도저히 안 되겠다 싶으면 내가 도와줄 테니까 불안해도 한번 해봐"

다른 예를 들어보자. 어느날 부하직원이 "제가 긴장하는 스타일이라 이사님들 앞에서 잘 설명할 수 있을지 걱정입니다"라고 말한다면 어떻게 하면 좋을까?

'긴장하는 스타일'이라는 말에 초점을 맞춰 "그럼 어떤 증상이 나타나는데?"라고 파고드는 것도 그리 나쁘지는 않다.

◦ 어떤 대화라도…

그러나 그것보다는 뒷부분에 말한 “잘 설명할 수 있을지”에 초점을 맞춰야 유능한 상사이다.

요컨대 이 사람은 ‘잘 설명하고 싶다’는 생각이 있기 때문에 고민하는 것이다. 그렇기 때문에 이럴 때는 여기에 초점을 맞춰 조금이라도 긴장을 풀 수 있는 요령을 알려주거나 함께 리허설을 하는 것도 좋다. 아니면 자신 없는 일을 열심히 하려는 모습이 대견하다는 격려의 말을 해줄 수도 있다.

내가 암으로 입원했을 때 담당의사가 처음에는 내가 퇴원하는 날을 전혀 귀띔해주지 않았다. 진행성 암이었으니 어쩔 수 없었던 거였지만….

어쨌든 내가 “퇴원날짜를 말해주지 않아. 퇴원을 못할지도 몰라”라며 한숨을 내쉬면 대부분의 친구들은 “그렇게 부정적으로 생각하면 안 돼!”라며 나를 타일렀다.

하지만 베테랑 간호사만은 “퇴원날짜를 알고 싶으시죠? 그리고 하고 싶은 일도 많으시고요”라고 하면서 나의 한숨 뒤에 숨어 있는 ‘퇴원하고 싶다’는 희망의 마음을 이해해주었다. 그 말은 어떤 격려의 말보다도 힘이 되고 마음의 짐을 덜어주었다.

아무리 부정적으로 하는 말이라도 ‘부각시킬 만한 부분이 반드시 숨어 있다’는 사실을 명심하자. 즉 상대의 진심을 알아보는 대화의 기술이다. 이렇게 대하면 캄캄한 저녁 무렵 길가에 하나 둘 가로등 불빛이 켜지듯 당신에 대한 상대의 마음도 서서히 밝아질 것이다. 그리하여 결국 부정적인 말 속에 들어 있는 불평과 한탄은 어느새 사라지고 편안한 대화로 바뀔 것이다.

One **P**oint **L**esson

아무리 부정적인 말에도 '부각시킬 만한 부분이 숨어 있다'고 생각하고 들으면 숨어 있는 진심을 찾을 수 있다.

부하와 이야기할 때는
같은 의자에 앉자

Question & **A**nswer

Q : 우리 회사에서는 다양한 커뮤니케이션 연수를 도입하고 있습니다. 연수 이외에 사내 커뮤니케이션을 활성화시키기 위해 바로 실시할 수 있는 것이 없을까요?

A : '바로' 실시할 수 있는 것은 그리 많지 않지만 그래도 굳이 하나를 들라면 같은 의자에 앉아 보라는 것입니다. 굳이 대화를 하지 않더라도 가끔 상사와 부하가 같은 의자에 앉는 것은 좋은 방법입니다.

보통 때는 다른 의자라도 상관없다. 오히려 항상 같은 의자에 앉으면 통제하기 힘들다. 즉 사장은 사장 의자에 과장은 과장 의자에 앉아야 옳다. 하지만 회의석상에서는 조금 달라야 한다. 상사는 팔걸이가 있는 편안한 의자에 앉고 부하직원은 접이식 의자에 앉으면 안 된다. 이를 NLP에서는 '래퍼(관계성)를 쌓을 수 없는 상태'라고 말한다.

래퍼 Rapport는 원래 프랑스어로 '(인간적인) 관계성'이라는 의미이다. NLP에서는 이를 확장시켜 사람과 사람의 마음이 연결된 상태라는 의미로 사용한다. 래퍼는 말뿐만 아니라 태도나 자세 등 몸으로 만들기도 하는데 이를 앞에서 살펴본

◦ 관계성을 쌓을 수 없는 의자

'행동 맞추기(Mirroring)'이다. 즉 미러(거울)처럼 상대의 동작이나 태도에 맞춰 커뮤니케이션을 하는 방법이다.

마음이 맞는 상대와는 행동 맞추기가 자연스럽게 이루어지지만 의사소통이 잘 안 될 때나 사이가 원만하지 않을 때는 의도적으로 노력해야 한다.

행동 맞추기를 바로 실천할 수 있게 해주는 것이 같은 의자에 앉는 것이다. 같은 의자에 앉으면 눈높이가 맞춰지고 같은 자세로 있을 수 있어 '상대와 함께 있다'는 실감을 느끼게 한다.

행동 맞추기의 또 다른 기본적인 방법은 상대가 긴장해서 편히 앉아 있지 못한 것 같으면 자신도 그렇게 앉아 보는 것이다. 상대가 몸을 크게 흔들면서 이야기를 하면 자신도 그 사람의 움직임에 맞춰 이야기를 들어보자. 단 부자연스럽게 너무

같은 의자에 앉으면 자연스럽게
행동 맞추기를 할 수 있다

심하게 흉내를 내면 역효과를 낼 수 있으니 상대의 동작은 60% 정도 수준에서 따라하는 것이 좋다. 예를 들어 상대방이 팔을 들면 자신은 손끝만 위로 움직이면 된다. 같은 의자에 앉으면 더욱 자연스러운 행동 맞추기가 가능하다.

또 부하가 앉아서 일을 하고 있을 때 자신은 서서 위에서 내려다보며 이야기를 하는 경우가 있는데 이렇게 하면 마음이 전달되기 어려우니 주의하는 게 좋다.

이제 와 생각해보니 내가 20대 후반에 재직했던 J사의 매니저는 야단칠 때든 칭찬할 때든 뭔가 할 말이 있으면 항상 "마사코 씨, 잠깐 나 좀 볼래요?"라고 회의실로 잠깐 불러내 꼭 접이식 의자를 두 개 펴놓고 같이 앉아 이야기를 시작했다.

'눈앞에만 있으면 같이 있는 거지'라고 생각하는 상사는 뭘 모르는 상사이다. 거리가 가까워도 래퍼가 없으면 '상사와 부하라는 인간관계는 성립하지 않는다'는 것을 잊지 말자. 리더 자리에 있는 많은 사람들이 꼭 알아두어야 할 부분이다.

One Point Lesson

거울을 보듯 태도와 자세를 같이 해보는 '행동 맞추기'는 강력한 커뮤니케이션 기술이다. 같은 의자에 앉지 않더라도 자연스럽게 행동을 맞추면 좋을 것이다.

신입사원 연수 때
그만 두는 사람들

Question & Answer

Q : 상당히 적극적으로 의사표현하는 사람들이 오히려 그만두는 비율이 높다는 생각이 듭니다. 전에는 그런 사람들이 동료였기 때문에 '할 수 없지'라고 생각하고 말았는데, 지금은 부하직원을 두고 있는 입장이라 무관심할 수가 없습니다. 이런 일을 막으려면 어떤 점에 주의를 하면 좋을까요?

A : 제가 신입사원 연수를 받을 때도 적극적인 발언으로 인사과 사람들도 관심을 갖게 했던 사람들이 의외로 빨리 그만두는 바람에 입사동기들 모두가 술렁인 적이 있었습니다.

나는 심리학자 척 스페자노 박사의 비전심리학을 기본으로
삼고 있는데 위와 같은 현상을 '쉐도우'라는 말로 설명하고
있다.

영어에 '프린스(또는 프린세스) 차밍'이라는 말이 있는데
'백마 탄 왕자님'이란 뜻이다. 백마 탄 왕자라는 말은 왕자가
백마를 타고 있는 것에만 초점을 맞추고 있을 뿐 말에서 내려
왔을 경우에 대해서는 고려하지 않는다는 것이다. 왕자가 말
에서 내려오면 키가 작아서 키높이 구두를 신고 있을 수도 있
고, 바로 옆에서 보면 피부가 울퉁불퉁할 수도 있다. 그러면
그때서야 '생각하고 다르잖아'라고 생각할 것이다.

● 기대가 너무 큰 것도 …

동경하는 것, 즉 빛이 강한 만큼 그늘(쉐도우)도 짙은 법이다. 이 경우의 그늘은 '실망' 하는 마음이다. 척 박사는 이를 '역(逆) 로망스'라고 이름 지었는데 '이것은 생각했던 것과는 다르다', '기대에 빗나갔다', '이상과 동떨어졌다'고 느끼는 기분을 가리킨다.

물론 대부분의 사람들은 이런 정도의 일로 회사를 그만두거나 이혼을 하지는 않는다. 보통은 '조금만 더 참자'라든가 '좋은 점이 있을 거야. 찾아보자'라고 생각하며 마음속에서 타협을 한다. 그 중에는 '약속과 다르지 않느냐?'며 불평을 토로하거나 언쟁을 벌이는 경우도 물론 있다.

인생을 살면서 나름대로 인간관계에 단련된 사람들은 때로는 마음속으로 '좋은 점'을 찾아보기도 하고 최악의 경우라도 싸우면서 조절해간다. 그러나 이런 훈련이 제대로 돼 있지

266

않은 사람들은 그 자리에서 떠나버린다. 회사에서는 연수기간이나 인턴기간 중에 그만두는 사람들이 여기에 해당된다. 연애로 말하면 '공항이혼(신혼여행에서 들아오자마자 공항에서 갈라서는 것)'을 하는 사람들이다.

이런 상황에서 "그 사람들이 문제지"라고 치부해버리면 안 된다. 분명히 해결할 방도가 있다. 즉 상대에게 지나친 동경이나 로망스를 갖도록 부추기지 않아야 한다. '회사에 대해서'나 '배치 받은 부서에 대해서', 그리고 '상사에 대해서' 과도한 희망이나 기대를 갖게 하는 긍정적인 정보만 주면 안 된다는 것이다.

어떤 조직(사람)이든 결점이나 부족한 부분이 있기 마련이다. 내 생각에는 앞으로 기업이나 상사는 이런 마이너스 정보를 감추지 말고 당당히 공개하고 "잘 하나가기 위해서는 자네의 아이디어와 힘이 필요해"라고 말하는 용기가 필요하다.

One Point Lesson

빛이 강하면 그늘도 짙어지듯 동경이 강하면 실망도 커지는 법이다. 과도한 동경을 갖지 않도록 조직의 있는 그대로의 모습과 리더 상을 부하에게 보여주는 것이 앞으로 기업경영의 관건이 될 것이다.

젊은 시절 나는 혈기에 넘쳐 깊은 생각 없이 친구와 함께 회사를 설립했다. 그리고 얼마되지 않아 일본의 거품경제가 붕괴되었다. 엎친 데 덮친 격으로 20세기의 마지막 해인 1999년에는 마흔 한 살의 나이에 진행성 유방암을 선고받아야 했다. 이렇게 크고 작은 파도는 나의 일상이 됐고, 연수 교육이나 카운슬링을 하면서 만난 거의 모든 직종의 사람들을 통해 세상의 또 다른 바람도 피부로 느껴야 했다.

밤늦게 한참 책의 마지막 부분을 집필하고 있는데 이런 메일이 들어 왔다. "사장님께 바쁜 동안만 제 친구를 아르바이트로 쓰자고 말씀 드렸더니 사장님께서 '자네랑 캐릭터가 비슷해서 말이야…' 라고 말씀하시는 거예요. 충격이었습니다! 우리가 캐릭터 상품인가요? 비슷하면 안 되나요? 제가 회사를 그만두는 게 좋을까요?"

이 메일을 보낸 사람은 내가 잘 아는 회사의 여직원이었다. 나는 이 회사 대표와 지난 5년 동안 친분을 유지하고 있었는데, 그는 상당히 성품이 따뜻한 남자였다. 연말에는 직원들에게 자신의 몫을 줄여서라도 보너스를 두둑하게 주고, 직원들의 실수도 모두 자신의 책임이라며 덮어줄 줄 아는 도량이 넓은 사람이다. 그러나 이번의 경우에는 대표가 조금 더 신중히 이야기했어야 했다. 그랬다면 메일을 보낸 여성의 불만을 크게 줄일 수 있었을 것이다.

예를 들면 다음과 같이 말할 수도 있다. "내가 보기에는 자네는 무조건 클레임이 들어오지 않게 하려는 '회피형'에 가까운 것 같아. 그리고 면접을 봤던 자네 친구도 비슷한 느낌을 받았고. 그런데 우리처럼 작은 회사에 그렇게 돌다리도 두드려서 건너는 사람의 비율이 높아지면, 그게 설령 아르바이트라고 해도 앞으로 나아갈 수가 없어. 이번에는 진취적인 '추구형' 인간을 채용하고 싶어."

직장에서의 신뢰와 연대감은 작은 돌을 쌓듯 커뮤니케이션을 통해 조금씩 쌓아가는 것이다. 이번처럼 리더의 작은 말실수 한 마디는 지금까지 쌓아온 신뢰와 연대감을 와르르 무너뜨리는 계기가 될 수 있다. 물론 "인간관계는 커뮤니케이션 공부를 조금 했다고 해서 그렇게 쉽게 좋아지는 게 아니야. 현실은 그렇게 만만하지 않아"라고 말씀하시는 분들도 있을 것이다. 물론 그렇다. 하지만 현실이 혹독하기 때문에 더더욱 이 책에서 제공하는 시각을 되도록 많이 받아들이고, 이를 통해 익힌 유연성을 시도할 줄 아는 예리한 결단력도 갖춰야 한다.

　물론 나는 이 책을 읽으면 바로 "당신의 대화가 달라질 것이다!"라든가 "순식간에 당신의 커뮤니케이션 능력이 업그레이드될 것이다!"라고 말하고 싶지 않다. 내가 말하는 시도란, 예를 들면 요트 돛대의 각도를 1도 바꾸는 것과 같다. 1도라는 각은 너무 작아서 처음에는 아무도 눈치 채지 못할 것이다. 그러나 점차 시간이 지나면서 그런 작은 차이를 쌓은 사람의 위치는 확실히 바뀔 것이라고 생각하며 나는 이 일을 시작했고 앞으로도 계속해갈 것이다.

　여러분! 커뮤니케이션 능력을 조금씩 연마해갑시다!

나카모토 마사코

※ 지은이

나카모토 마사코
원셀프 인터내셔널(주) 멘탈 트레이너. 1958년 도쿄에서 태어나 추오대학교 법학부를 졸업했다. 백화점이나 할인점 본부에서 판매원 교육을 담당했으며, 1989년에 NLP(신경언어학)와 코칭을 기초로 한 각종 커뮤니케이션 강좌 및 연수를 실시하는 '원셀프 인터내셔널(주)'을 공동 설립했다. 1997년부터 식품제조업체의 영업지원을 맡아 3년 만에 연 총 거래액을 30배로 신장시켰다. 저서로는《완벽한 코칭술》등이 있다.

■ **자격**
NLP(신경언어학)학회 인정 프랙티셔너
비전다이나믹스연구소 인정 릴레이션십 테라피스트

※ 옮긴이

윤지나
덕성여자대학교 일어일문학과와 한국외국어대학교 통역번역대학원 한일과를 졸업했다. 시사영어사ELS 일본어과 강사와 안산 1대학 관광영어과 관광일본어 강사를 역임했으며, 현재 FJ후지와라 일본어학원 강사와 통역·번역사로 활동 중이다. 〈닥터 고토의 진료소〉, 〈러브제너레이션〉, 〈슬로우댄스〉 등 다수의 TV 방송용 일본 영화와 드라마를 번역했다. 역서로《인맥의 크기만큼 성공한다》,《사랑의 메신저, 컨시어지》등이 있다.

한언의 사명선언문

Since 3rd day of January, 1998

Our Mission ― ·우리는 새로운 지식을 창출, 전파하여 전 인류가 이를 공유케
함으로써 인류문화의 발전과 행복에 이바지한다.

― ·우리는 끊임없이 학습하는 조직으로서 자신과 조직의 발전
을 위해 쉼없이 노력하며, 궁극적으로는 세계적 컨텐츠 그룹
을 지향한다.

― ·우리는 정신적, 물질적으로 최고 수준의 복지를 실현하기 위
해 노력하며, 명실공히 초일류 사원들의 집합체로서 부끄럼없
이 행동한다.

Our Vision 한언은 컨텐츠 기업의 선도적 성공모델이 된다.

저희 한언인들은 위와 같은 사명을 항상 가슴 속에 간직하고
좋은 책을 만들기 위해 최선을 다하고 있습니다.
독자 여러분의 아낌없는 충고와 격려를 부탁드립니다.
· 한언 가족 ·

HanEon´s Mission statement

Our Mission ― · We create and broadcast new knowledge for the
advancement and happiness of the whole human
race.

― · We do our best to improve ourselves and the
organization, with the ultimate goal of striving to
be the best content group in the world.

― · We try to realize the highest quality of welfare
system in both mental and physical ways and we
behave in a manner that reflects our mission as
proud members of HanEon Community.

Our Vision HanEon will be the leading Success Model of the
content group.